RÉPERTOIRE
DE LA SCÈNE FRANÇAISE.

15me ANNÉE. N° 18.

D'ARANDA,

COMÉDIE-VAUDEVILLE.

BRUXELLES.

J.-A. LELONG, IMPRIM. LIB. ÉDIT.
RUE DES PIERRES, 46.
LE SOIR AU THÉATRE ROYAL.

1847

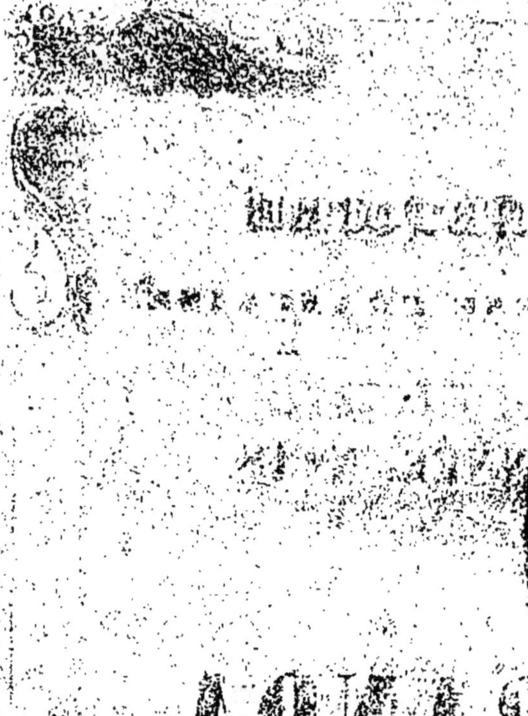

LA REIN

DRAME EN CINQ A

D'ARANDA,

COMÉDIE-VAUDEVILLE EN DEUX ACTES.

D'ARANDA

OU

LES GRANDES PASSIONS,

COMÉDIE-VAUDEVILLE EN DEUX ACTES,

DE M. EUGÈNE SCRIBE,

*Représentée pour la première fois, à Paris, sur le théâtre
du Gymnase-Dramatique, le 6 Avril 1847.*

BRUXELLES.

J.-A. LELONG, IMPRIM.-LIB.-ÉDITEUR,

RUE DES PIERRES, Nº 46.

LE SOIR, AU THÉATRE ROYAL.

—

1847

PERSONNAGES.	ACTEURS.
HORTENSE, amie de pension.	Mlles MELCY.
MARIA, id.	SAUVAGE.
HENRIETTE, id.	DÉSIRÉE.
LE COMTE DE VOLBERG, mari d'Hortense.	MM. BRESSANT.
GABRIEL BLINVAL, avocat, mari d'Henriette.	NUMA.
LOUISE, domestique d'Hortense.	Mlle KOELER.

D'ARANDA,

COMÉDIE-VAUDEVILLE EN DEUX ACTES.

ACTE I.

Un salon à l'Abbaye-aux-Bois, portes au fond. Deux portes latérales, celle de droite conduit à l'appartement d'Hortense, celle de gauche, à la bibliothèque ; à droite, au premier plan, une table ; à gauche, une petite table à ouvrage ; fauteuils, chaises, etc. — Au fond, dans l'angle gauche, une croisée.

SCENE PREMIERE.

HENRIETTE, HORTENSE, MARIA.

HENRIETTE, *entrant avec ses amies.*

Et qu'on dise que le hasard n'est pas un bon génie !

MARIA, *à Hortense.*

Nous retrouver à l'Abbaye-aux-Bois, toi, la jeune mariée !

HORTENSE, *à Maria.*

Toi, la veuve de vingt-deux ans...

HENRIETTE.

Et notre amitié n'a pas perdu un jour pour se renouer ; de mes fenêtres qui sont en face, je t'ai vue arriver ce matin.

HORTENSE.

Et nous voilà réunies toutes trois, chez moi, comme il y a trois ans, au couvent des Filles-du-Calvaire.

MARIA.

C'est vrai !... c'est vrai !... on nous appelait les trois inséparables, et vous souvenez-vous, quand aux heures de loisir, nous allions au fond du jardin...

HORTENSE. *Henriette va au guéridon à gauche, et se met à tricoter.*

Pour jouer la comédie... (*A Maria.*) Tu voulais toujours les rôles terribles, les rôles de jalousie : Hermione et Roxane !

6   D'ARANDA.

MARIA.

Toi les amoureuses romanesques, Chimène et Amé
naïde.

HORTENSE.

Oui, les passions malheureuses... c'était mon bon
heur! être aimée ou mourir!... Mais Henriette, qu'est
ce qu'elle faisait donc?

HENRIETTE.

Moi, je tricotais.

MARIA.

Comme maintenant!... (Riant.) Bonne Henriette,
toujours la même!

HORTENSE.

Elle avait tous les prix de sagesse... (A Maria.) Et
nos songes de bonheur... le beau jeune homme qui devait nous aimer...

MARIA, à Hortense.

A toi, il devait te dire, je t'aime, au milieu d'un orage
et à la lueur des éclairs.

HORTENSE, à Maria.

Et à toi, en te sacrifiant une rivale.

HENRIETTE.

Et à moi, devant mon père, ma mère, mes sœurs et
toute ma famille.

MARIA.

AIR : *Quand l'Amour naquit à Cythère.*
Oui, je voyais, dès lors, en perspective,
Un chevalier, des belles, favori...

HORTENSE.
Moi, je rêvais la flamme la plus vive!

HENRIETTE.
Moi, je rêvais un bon mari!

MARIA.
Et ce bonheur, promis à mon jeune âge,
Je l'ai cherché bien loin, sous un ciel bleu!

HORTENSE.
Moi, je le vois toujours dans un nuage!

HENRIETTE.
Moi, je l'attends au coin du feu!

HORTENSE.

Eh bien! mes amies, depuis trois ans, depuis le temps où nous nous racontions ainsi nos espérances et nos rêves, nous avons fait toutes trois dans la vie le seul pas que fasse une femme, nous nous sommes mariées!... Eh bien!... racontons-nous...

HENRIETTE, *elle se lève, toutes trois prennent des siéges, Henriette apporte la petite table à ouvrage et s'assied auprès.*

Oh! la bonne idée!... Toi, Maria, qui es née en Andalousie, toi qui as vu l'Italie et l'Espagne...

HORTENSE.

Toi qui es veuve... tu dois être la plus riche d'événemens, à toi de commencer.

MARIA.

Oh! non... non, mes amies...

HORTENSE.

Si tu refuses.... c'est que tu as quelque chose à dire... des aventures bien tendres, bien romanesques...

HENRIETTE.

Et moi qui n'ai jamais lu de romans!...

MARIA.

Ah! si vous saviez où ma pauvre tête m'a conduite... je suis là bien heureuse, et trouvant la vie bien douce, et cependant, de moi-même, j'ai été bien près de la quitter...

HENRIETTE.

Tu as voulu te tuer?

HORTENSE.

Par amour!...

MARIA.

Oui!...

HENRIETTE, *laissant tomber son tricot.*

Jésus mon Dieu!

HORTENSE.

Dis-nous bien vite...

MARIA.

Quand je quittai le couvent, quand je vous quittai,

j'allais retrouver mon père en Espagne... au bout de
trois semaines j'étais mariée, au bout de trois mois, j'é-
tais veuve... jeune et riche, chacun m'entourait d'ado-
rations auxquelles j'étais fort peu sensible... mais la
seconde année de mon veuvage je rencontrai à Madrid...
monsieur... plus tard peut-être je vous dirai son nom.

HENRIETTE, *tricotant.*

Eh bien!... Dom Alvarez!

MARIA.

Soit! appelons-le dom Alvarez. Il était jeune, brill-
lant; il ressemblait à l'inconnu que nous rêvions! re-
cherché, admiré de tous... je l'aimai!... mais en même
temps que l'amour, une passion affreuse... dévorante,
entra dans mon cœur!... c'était par pressentiment que
je jouais toujours les rôles de Roxane! je devins jalouse! jalouse presque jusqu'à la folie!... il était si
beau qu'il me semblait que tout le monde devait l'aimer, et qu'il devait aimer tout le monde... chacune de
ses paroles me paraissait une trahison, chaque femme
une ennemie... vingt fois j'avais promis à lui et à moi-
même de me corriger d'un défaut qui devait faire notre
malheur à tous deux... je commençais à y réussir...
mais, un soir, à Madrid, chez l'ambassadeur de France... à un bal masqué où il avait dansé plusieurs fois
avec la même personne... le voyant s'approcher d'elle
encore et lui parler tout bas en riant, ma tête se per-
dit, et au milieu de la fête j'insultai cette jeune dame,
je lui arrachai son masque! c'était sa sœur!... lui, or-
gueilleux comme un Castillan, rompit pour toujours
avec moi!... vous dire mon désespoir... c'est impossible! si j'avais eu une rivale, je l'aurais tuée, mais je ne
pouvais accuser et punir que moi... je me jetai dans le
Guadalquivir.

HORTENSE *et* HENRIETTE.

O ciel!

MARIA.

Le bonheur ou le malheur voulut qu'on me sauvât.
Mon père, chargé d'affaires à Paris, m'emmena avec

lui, il m'a conduite jusqu'ici où votre vue, mes amies,
m'a fait un moment oublier le passé, et où le récit de
votre vie me consolera de la mienne!

HENRIETTE.

Pauvre Maria !

HORTENSE.

Comment, tu la plains!... (*A Maria.*) Tu te plains!
voilà du mouvement... de la vie!...

MARIA.

Mais il m'abandonne... moi qui me suis à jamais compromise par un tel éclat.

HORTENSE.

N'aies donc pas peur! quand son premier ressenti-
ment se sera passé...

AIR *du Partage de la Richesse.*

Il reviendra, plus tendre et plus fidèle,
Il reviendra, te rendant ses amours,
A tes genoux te redemander celle
Qui pour lui seul sacrifia ses jours !
Par lui bientôt tu seras consolée
Et tu joindras, quel heureux sort !
Au bonheur de t'être immolée...

HENRIETTE.

L'avantage de vivre encor !

HORTENSE.

Et tous les rêves de jeune fille, tes rêves de jalousie,
de grande passion... seront réalisés en bonheur, au
lieu que pour moi !...

MARIA.

Eh bien !...

HORTENSE.

Eh bien ! pour moi, rien, pas même de rêves !... ju-
gez-en? Mon beau-père, comme vous le savez, était mu-
nitionnaire des armées républicaines et impériales :
il ne voyait dans la gloire que des fournitures; il esti-
mait Marengo ou Austerlitz par livres, sols et deniers !
une victoire était pour lui un million de remporté, et

à force de gagner... des batailles, il excita l'humeur de
Napoléon!

HENRIETTE, *tricotant toujours.*

Jalousie de métier!

HORTENSE.

Sa majesté se fâcha; et mon père fit comme tous les
souverains de l'Europe... il eut peur et se soumit bra-
vement à toutes les conditions. — Vous avez une belle
fille! — Oui, sire. — Votre seule héritière? — Oui,
sire. — Vous la marierez au fils d'un brave général
tué sur le champ de bataille, au jeune Volberg, mon
ancien page, qui vient de sortir de Fontainebleau,
comme sous-lieutenant; et comme il n'a rien, vous don-
nerez deux millions de dot. — Oui, sire... accepté! —
C'est ainsi que mon mariage fut décidé, malgré mes ré-
clamations.

MARIA.

Est-il possible?

HORTENSE,

Mon père qui tremblait fut inflexible; mais ce n'est
rien encore! je ne connaissais pas M. de Volberg. Pendant qu'on négociait pour lui, il se battait à Dresde,
et on venait de le transporter à Paris, dangereusement
blessé, avec le titre de capitaine. Vous croyez que cet
incident suspendit le mariage... nullement! on n'en-
tendit même pas le retour de ma mère, malade aux
eaux des Pyrénées. Notre première entrevue eut lieu en
présence de M. Dupuytren, dans la chambre du blessé!

MARIA. Vraiment!... Etait-il beau?

HORTENSE.

Il aurait pu l'être; mais un grand coup de sabre sur
la figure...

MARIA.

C'était intéressant!

HORTENSE.

C'était affreux! des bandages, la tête enveloppée, on
ne lui voyait qu'un œil, l'œil gauche; je ne pensai qu'à
ne pas le regarder; le lendemain, nous fûmes mariés

avec le même cérémonial, le maire, à cause de l'état du futur, s'étant transporté à domicile... et depuis...

MARIA.

Depuis?...

HORTENSE.

Je ne l'ai jamais revu !...

MARIA *et* HORTENSE.

Comment?

HORTENSE.

Le soir même de mon mariage, une lettre de Bagnères m'apprit que ma mère était au plus mal. Je courus en poste près de ma pauvre malade dont ma tendresse et mes soins prolongèrent l'existence pendant plus de deux mois... mais je ne pus la sauver, et quand je revins à Paris dans le désespoir... mon mari était parti !

MARIA.

En vérité !

HORTENSE.

Parti pour l'Espagne, où l'appelait une expédition hasardeuse. Pendant deux mois des lettres affectueuses et fréquentes adoucirent son absence et me firent désirer son retour; mais depuis six mois, il ne m'a pas écrit une seule ligne; il vit, le ministre m'en a donné l'assurance, et l'on m'annonce tous les jours son arrivée, mais il n'arrive pas; et moi je languis ici avec ma vieille tante, seule, mariée à un homme qui me dédaigne et que je ne connais pas... je me trompe, je le connais, je le vois d'ici, un traîneur de sabre qui fume, boit, jure... ah! mes pauvres rêves que sont-ils devenus?

MARIA.

Ne pas connaître son mari !

HENRIETTE, *gaiment.*

De sorte que nous voilà trois dames... dont une demoiselle...

HORTENSE.

Henriette, Henriette, une telle remarque...

HENRIETTE, *pliant son ouvrage.*

Est toute naturelle... puisqu'on dit tout! quant à

moi, mes amies, si j'avais parlé la première, mon récit n'eût rien offert de bien piquant ; mais venant après les vôtres, il avait son prix... (*Elle se lève.*) Je me suis mariée en plein jour, à Paris, devant un maire qui m'a embrassée, avec un homme de mon âge : mon père à droite, ma mère à gauche, et une foule de petits cousins. Nous avons déjeûné ensemble, nous avons dîné ensemble... et le soir... le soir, mon mari n'est pas parti pour l'Espagne... (*Elle reporte le guéridon.*) Au bout d'un an, j'avais une fille, au bout de deux ans, un garçon. Mon mari veut que nous en ayons douze... (*Hortense et Maria se lèvent.*) Il n'avait pas de fortune, mais il a du talent, il est avocat ; il plaide tous les jours, et si vous saviez l'estime et la réputation dont il jouit déjà !...

MARIA. Est-il beau ?

HENRIETTE.

Dame !... un homme n'est jamais laid, et un mari qu'on aime est toujours beau, enfin... je ne trouve rien de charmant comme lui... il ne trouve rien d'aimable comme moi ; nous nous le disons toute la journée, et nous la trouvons trop courte... et pendant que vous parliez toutes deux, je me disais : Quel bonheur ! je vais revoir Gabriel dans une demi-heure !

HORTENSE.

Et tu te trouves heureuse ?

HENRIETTE.

Si je me trouve heureuse !... mais je ne comprends pas qu'on puisse l'être davantage ! je n'ai rien à désirer. Hier ressemblait à aujourd'hui qui ressemblera à demain.

HORTENSE.

C'est bien monotone.

HENRIETTE, *remontant.*

Heureusement !

HORTENSE.

AIR : *Vaudeville du Carlin de la Marquise.*
La même chose tous les jours !

Tous les jours le calme suprême,
C'est ennuyeux !... le mot TOUJOURS
Ferait bailler dans le ciel même !
Oui, sans tourmens et sans désirs,
Sans passions, comme sans haines,
Une éternité de plaisirs
Est une éternité de peines !

MARIA, *à Hortense.*

Tu as raison !...

HORTENSE.

N'est-ce pas ?... et, dans ce moment, que veux-tu faire ? qu'espères-tu ?

MARIA.

Je n'espère pas ; mais j'attends !

HORTENSE.

Je parierais qu'il est désolé et qu'il te regrette.

MARIA.

Si je le savais !

HENRIETTE, *redescendant.*

Eh bien ! mes bonnes amies, je le saurai peut-être !...

MARIA *et* HORTENSE.

Toi ! et comment ?

HENRIETTE.

Par mon mari, Gabriel Blinval

MARIA.

Blinval... l'avocat ! mais je l'ai vu souvent chez mon père !

HENRIETTE, *vivement.*

Ah ! tant mieux !... eh bien ! est-ce que je n'ai pas raison ? est-ce qu'il n'est pas bon, spirituel... aimable...

MARIA.

Sans doute, et comme tu le disais, un des premiers talens du barreau... mais quel rapport y a-t-il entre ton mari et la personne dont nous parlons ?...

HENRIETTE.

Je m'en vais te le dire : Gabriel a, dans ses cliens, un grand d'Espagne qui doit prochainement arriver à Paris... pour un procès... le comte d'Aranda !

MARIA, *vivement, avec émotion.*

D'Aranda !

HENRIETTE.

Tu le connais ?

MARIA, *cherchant à se remettre.*

Qui ne connaît pas à Madrid le comte d'Aranda ?

HORTENSE.

Alors... il doit connaître tout le monde...(*A Henriette.*)
Tu le verras... tu lui parleras...

HENRIETTE.

Mon mari, à la bonne heure... mais pas moi !

HORTENSE.

Et pourquoi donc ?

HENRIETTE.

C'est que le comte d'Aranda... c'est Gabriel qui me
l'a raconté... est un homme terrible... d'abord il est su-
perbe, il est jeune, il est riche... et dès qu'il voit une
femme, il en tombe amoureux...

HORTENSE.

En vérité !

HENRIETTE.

Et dès qu'il est amoureux, la tête n'y est plus... la
femme qu'il aime le trouve partout... même chez elle...
il lui remet des billets devant son mari, il entre par la
fenêtre, par les panneaux, il séduit les domestiques...
on doit mourir de peur quand on est aimé par cet
homme-là.

HORTENSE.

Mourir ainsi, c'est vivre !

HENRIETTE.

Enfin, un jour, il a mis, dit-on, le feu à un pavillon
pour enlever une femme veuve qu'il aimait.

HORTENSE.

Est-il possible !

MARIA, *avec émotion.*

Oui... c'est vrai... c'est vrai !

HORTENSE, *avec exaltation.*

C'est sublime !

HENRIETTE.

C'est absurde ! il a dû causer une frayeur horrible à cette dame.

MARIA, *avec chaleur.*

Oui, mais il pouvait mourir, lui aussi, ou plutôt il serait mort mille fois avant de la laisser dans le péril ! il est si brave, si beau ! il y a tant de sincérité dans son exaltation, tant de bonne foi dans ce que tu appelles sa folie, que les hommes ne peuvent se défendre de l'aimer... toutes les femmes se le disputent.

HENRIETTE.

Elles sont bien bonnes !

MARIA.

Tu as raison... car, cet homme, à qui la passion a fait commettre tant d'extravagances, ne les pardonne pas, ne les excuse pas dans les autres.

HENRIETTE.

C'est toujours comme cela... on sent qu'on a besoin d'indulgence, et alors le peu qu'on en a, on le garde pour soi.

SCÈNE II.

LES PRÉCÉDENS, LOUISE.

LOUISE, *entrant par le fond.*

Un monsieur demande à parler à madame.

HORTENSE, *vivement.*

Pour la guirlande de fleurs et le bouquet que j'ai commandés... (*A ses deux amies.*) Une garniture charmante... qu'on doit m'apporter ce matin.

LOUISE.

Non, madame, c'est un étranger qui n'a pas voulu me dire son nom, et que je n'ai pas encore vu ici... il est vrai que nous arrivons d'aujourd'hui...

HORTENSE, *l'interrompant.*

Il suffit. Priez-le d'attendre... nous sommes occupées d'affaires importantes... (*Louise sort par le fond.*) Vous dînez avec moi, n'est-ce pas ? nous ne nous quittons pas de la journée.

HENRIETTE.

Si vraiment... à deux heures !... c'est le moment où Gabriel revient du Palais... mais nous avons le temps, il n'est qu'une heure.

MARIA.

Ah ! mon Dieu !... et mon père qui m'attend à midi.

HORTENSE.

Eh bien !... fais-le prévenir.

MARIA.

Non, non... il doit recevoir ce matin des nouvelles de l'ambassade d'Espagne, et s'il y avait... une lettre de lui !

HENRIETTE, *riant.*

Du bel inconnu ?

HORTENSE.

C'est juste... c'est sacré... je ne te retiens plus. Mais avant de nous séparer, mes amies, que ce jour qui nous réunit, consacre de nouveau notre ancienne amitié.

AIR *nouveau de M. Couder.*

TOUTES TROIS.

Oui, jurons-nous, par des sermens suprêmes,
Fidélité que rien ne doit trahir !
Jurons, jurons que les amours eux-mêmes
Ne pourront pas nous désunir !

HORTENSE.

De la douce paix où nous sommes
Eux seuls pourraient troubler le cours !

MARIA.

Elle a raison et sans les hommes
Les femmes s'aimeraient toujours !

(*Reprise de l'Ensemble.*)

Maria sort par le fond.

HORTENSE, *à Maria.*

A tantôt.

SCENE III.

HENRIETTE, HORTENSE.

HORTENSE.

Je suis contente que tu restes.

HENRIETTE, *s'asseyant près du guéridon, et tricotant.*

Pourquoi?

HORTENSE.

Pour causer !

HENRIETTE.

Causons... (*Hortense garde un instant le silence.*) Eh bien ! tu gardes le silence, à quoi penses-tu donc?

HORTENSE.

Je ne pense pas, je rêve !

HENRIETTE, *se levant.*

A quoi donc?

HORTENSE.

Si je pouvais le dire, ce ne serait plus rêver. Ces récits, ces causeries ont éveillé mon imagination romanesque, et en écoutant Maria et toi, je me disais : Quel bonheur d'être aimée !

HENRIETTE.

Par son mari.

HORTENSE.

Sans doute, mais ce n'est pas à un mari que je pensais.

HENRIETTE.

Tiens! à qui donc?

HORTENSE.

A personne... mais n'est-ce pas charmant, dis-moi, de trouver toujours, comme cette veuve dont tu nous parlais, quelque brillant jeune homme attaché à vos pas, de savoir qu'il brave tout pour vous rencontrer un instant, de le voir vous remettre au péril de sa vie un billet... qu'on refuse, et cependant de trembler qu'on ne l'ait vu, qu'on ne vous accuse...

HENRIETTE.

Qui !... on? le mari?

HORTENSE.

Je ne sais pas, le danger, le tyran, celui qui vous fait mourir de peur.

HENRIETTE.

Mais c'est un supplice.   2

HORTENSE.

Délicieux.

HENRIETTE.

En théorie.

HORTENSE.

En réalité. Te l'avouerai-je? oui, je le puis, à toi, ma meilleure amie. Il a passé la plus folle idée dans ma folle tête... que veux-tu? je m'ennuie tant! Eh bien! ce M. d'Aranda si exalté, si chevaleresque, si imprudent... je sens...

HENRIETTE.

Que tu l'aimes!

HORTENSE.

Oh! non, non... mais j'aurais bien peur d'aimer quelqu'un qui lui ressemblerait.

HENRIETTE.

Y compris l'incendie.

HORTENSE, *riant.*

A cause de l'incendie. Traverser les flammes en pressant celle qu'il aime sur son cœur.

AIR : *Vaudeville de Oui et Non.*

Au milieu du feu, je le voi
Avec elle... c'est admirable !

HENRIETTE.

C'est très-mal !... et j'aurais dit, moi,
A ce monsieur trop inflammable :
« Chacun son goût, monsieur, le mien
« Ne saurait ressembler aux vôtres !
« On peut se brûler... c'est très-bien,
« Mais on ne brûle pas les autres ! »

HORTENSE.

Ah! tu ne peux pas me comprendre! tu ne comprendras jamais ce qu'il y a d'enivrant dans cette vie d'émotions et d'agitations !

HENRIETTE.

Cette vie là me ferait mourir de peur... et puis, il y a toujours là-dessous quelqu'un qui est trompé : ce pauvre... *on* à qui tu ne penses pas, et toi si franche ! si sincère ! est-ce que tu pourrais feindre ?

HORTENSE. En y travaillant bien.

HENRIETTE.

Et les rivales ?

HORTENSE.

Plaisir de plus !...

HENRIETTE.

Leur jalousie ?

HORTENSE.

Bah !...

HENRIETTE.

Leur vengeance ?

HORTENSE.

Bah !...

HENRIETTE.

Leur jalousie ? leur vengeance ? non, non, parlez-moi d'un bon mari à vous, à vous toute seule, qui vous appartienne en pleine propriété ; à la bonne heure, c'est du légitime, cela, et hors du légitime, pas de salut.

HORTENSE.

C'est très-bien pour toi qui as un mari ; mais, moi...

HENRIETTE.

M. de Volberg reviendra.

HORTENSE.

Quand j'aurai quarante ans...

HENRIETTE.

Ne t'a-t-on pas dit hier au ministère de la guerre qu'on l'attendait de jour en jour ?

HORTENSE.

On me l'a dit vingt fois déjà... (*Riant.*) Et quel mal, qu'en attendant, je me figure que quelque beau cavalier espagnol...

HENRIETTE.

Tais-toi, tu vas me nommer M. d'Aranda.

HORTENSE, *riant toujours.*

Pourquoi pas ? je ne le verrai jamais, je puis bien m'imaginer...

HENRIETTE.

Je ne te laisserai pas achever.

HORTENSE.

Est-ce que tu crois qu'il entend ce qu'on dit de lui...
à quatre cents lieues de distance?...

HENRIETTE.

Le diable est si malin.

HORTENSE.

Bonne Henriette!... (*On entend un meuble tomber
dans la bibliothèque.*) Écoute donc, quel est ce bruit?

HENRIETTE.

Un meuble qu'on a renversé.

HORTENSE.

Y aurait-il quelqu'un dans cette pièce?

HENRIETTE.

Oui, j'ai entendu des pas.

HORTENSE.

C'est Louise, sans doute.

SCÈNE IV.

LES PRÉCÉDENS, LOUISE *paraît, tenant un portefeuille
à la main.*

HORTENSE, *allant à Louise qui sort de la bibliothèque.*

Louise, est-ce vous qui étiez dans cette bibliothèque?

LOUISE.

Oui, madame.

HORTENSE.

C'est vous qui avez renversé ce meuble?

LOUISE.

Non, madame; c'est la personne que madame m'avait
dit de faire attendre.

HORTENSE, *vivement.*

Et vous l'avez fait attendre dans cette pièce?

LOUISE.

Oui, madame.

HORTENSE.

Dans cette pièce d'où l'on entend tout ce qui se dit
ici, vous êtes d'une maladresse...

HENRIETTE, *à Hortense.*

On entend tout ! vois-tu ? vois-tu ?

HORTENSE, *très-agitée.*

Et ce monsieur est encore là ?...

LOUISE.

Non, madame, il vient de sortir.

HORTENSE.

C'est bien heureux !... mais qui était-il ? que voulait-il ?

LOUISE.

Il semblait tenir beaucoup à parler à madame ; mais comme madame ne le recevait pas, il a cherché s'il n'aurait pas une carte dans son portefeuille, et n'en trouvant pas il a écrit son nom.

HORTENSE.

Donne donc ?... (*Elle lit.*) Ciel ! qu'ai-je lu ?

HENRIETTE.

Qu'as-tu donc ?

HORTENSE, *se parlant à elle-même.*

C'est impossible ! et cependant... je ne me trompe pas... c'est bien...

HENRIETTE.

Mais qu'as-tu ? parle, tu m'effraies.

HORTENSE, *lui donnant le papier.*

Lis ?

HENRIETTE.

« Le comte d'Aranda !... » D'Aranda ! eh bien ! quand je te le disais, le diable...

HORTENSE.

C'est impossible, te dis-je... le comte d'Aranda, un Espagnol...

HENRIETTE.

Lis ? « Le comte d'Aranda, colonel au service de sa « majesté le roi d'Espagne... pour Mme de Volberg. »

HORTENSE.

Ma tête s'y perd... je tremble... (*Appelant.*) Louise !

LOUISE, *qui s'était retirée au fond, s'approchant.*

Madame.

HORTENSE.

Vous ne connaissez pas ce monsieur?

LOUISE.

Non, madame.

HORTENSE.

Comment est-il?

LOUISE.

Madame sait bien que je ne regarde jamais!... mais à la tournure, il m'a paru un fort beau cavalier.

HENRIETTE, *à part.*

J'en étais sûre.

HORTENSE.

Je ne vous demande pas cela, que m'importe? je vous demande s'il semblait avoir une affaire très-pressée à me communiquer, ce qu'il a dit...

LOUISE.

Il a dit qu'il reviendrait à deux heures, et semblait fort agité...

HENRIETTE.

Agité?... (*A part.*) Il a tout entendu.

HORTENSE.

Vous êtes sûre, qu'il était...

LOUISE.

Fort agité, oui, madame, et fort troublé, tellement qu'il a même oublié ce petit portefeuille en velours, qu'il avait tiré pour y prendre sa carte... le voici!...

Elle donne le portefeuille.

HORTENSE.

C'est bien, donnez?

LOUISE.

Madame y sera-t-elle, ou n'y sera-t-elle pas quand ce monsieur reviendra à deux heures?... et faut-il le laisser entrer?

HENRIETTE, *vivement.*

Non pas!

LOUISE.

Mais je demandais à madame...

HENRIETTE.

Mais non !... Allez... allez donc !...

                      Louise sort par le fond.

SCÈNE V.

HORTENSE, HENRIETTE, *se regardant toutes les deux.*

HORTENSE.

Eh bien !

HENRIETTE.

Eh bien !

HORTENSE.

Quelle aventure !

HENRIETTE.

Toi qui en voulais, en voilà une ! chapitre premier !

HORTENSE.

M. d'Aranda !

HENRIETTE.

J'espère bien que tu ne le recevras pas.

HORTENSE.

Oh ! non, sans doute ! maintenant surtout, après ce qu'il peut avoir entendu !... mais, cependant...

HENRIETTE.

Eh bien ?

HORTENSE.

Ce portefeuille... qui est là entre nos mains, je ne peux pas le garder.

HENRIETTE.

Non cartainement.

HORTENSE.

Et comment le lui rendre ?

HENRIETTE.

Lorsque tantôt il reviendra... s'il revient.

HORTENSE.

Ah ! il n'y manquera pas... j'en ai bien peur !

HENRIETTE, *montrant le portefeuille.*

Louise le lui remettra !

HORTENSE.

C'est juste!... c'est une idée... mais il y en a une autre qui m'inquiète et me tourmente bien encore.

HENRIETTE.

Laquelle?

HORTENSE.

C'est de savoir s'il nous a entendues, c'est si essentiel! si important!... et nous ne pouvons nous en assurer que par lui.

HENRIETTE, *vivement.*

C'est un prétexte pour le voir.

HORTENSE, *se récriant.*

Par exemple!

HENRIETTE.

Tu en as envie!

HORTENSE.

Eh bien! c'est vrai. Comment est-il à Paris? Pourquoi vient-il chez moi? quelle fatalité l'amène là, au moment même où... il y a dans cette rencontre quelque chose de romanesque, d'impossible, qui pique malgré moi ma curiosité... je suis fille d'Eve...

HENRIETTE.

Prends garde! prends garde!

HORTENSE.

D'ailleurs, sois sans crainte, ce qui est inconnu est seul redoutable pour moi, et quand j'aurai vu ce conquérant invincible... (*Poussant un cri.*) Ah!

HENRIETTE.

Qu'as-tu?

HORTENSE.

C'est étrange. En tenant ce portefeuille, j'ai, sans le vouloir, pressé un ressort, le portefeuille s'est ouvert; et un médaillon...

HENRIETTE.

Un portrait!...

HORTENSE.

Je ne sais, le médaillon s'est retourné.

HENRIETTE.

Un portrait de femme, j'en suis sûre, une de ses passions ; eh bien ! es-tu encore tentée de le recevoir ?...

Elle fait un pas vers le fond.

HORTENSE.

Oh ! non ! mais, j'ai bien envie de regarder ce portrait... est-ce mal ?

HENRIETTE, *revenant en scène.*

Mal, au contraire... cela te guérira !

HORTENSE, *souriant.*

Tu as aussi envie de le voir ?

HENRIETTE.

C'est possible !

HORTENSE.

D'ailleurs, l'original est sans doute à Madrid, je ne le compromets pas...

Elle retourne le médaillon.

TOUTES DEUX, *ensemble.*

Ciel !

HORTENSE.

Mon portrait !... mon portrait !

HENRIETTE.

Ton portrait ! chap. 2. C'est de la magie !

HORTENSE.

Pour le moins ! car je n'ai jamais fait mon portrait.

HENRIETTE.

N'importe, il existe... C'est bien toi... tes yeux, ta bouche, tout, jusqu'à ce petit signe que tu as près du cou.

HORTENSE.

Mais je n'ai jamais posé.

HENRIETTE.

Quand je te dis qu'il y a de la sorcellerie.

AIR : *Vaudeville de Turenne.*

Pour nous déjà j'ai peur, à juste titre,
CE CHAPITRE DEUX, franchement,
Me fait trembler pour le dernier chapitre ;
Dans les romans, c'est, dit-on, l'effrayant !

HORTENSE, *regardant toujours le portrait.*
Nous en sommes loin !

HENRIETTE.
Mais pas tant !
Car le premier, auquel on s'accoutume,
Conduit à l'autre... et l'autre... au dénouement !
Il eût été, je le crois, plus prudent
De ne pas ouvrir le volume!

(Deux heures sonnent.)

Ah ! mon Dieu !

HORTENSE, *effrayée du cri d'Henriette.*
Encore quelque chose?

HENRIETTE.
Eh ! non... deux heures qui sonnent, et Gabriel qui m'attend !

HORTENSE.
Tu me quittes! tu t'en vas déjà?

HENRIETTE.
Déjà! mais il y a plus de deux heures que je suis ici, et que nous causons.

HORTENSE.
Tu crois!... c'est si amusant! reste encore?

HENRIETTE.
Je ne peux pas! Gabriel m'a bien recommandé d'être près de lui à la sortie de l'audience. Il a plaidé ce matin une affaire très-importante, il sera en nage, je ne veux pas qu'il s'enrhume...

Henriette va prendre son schall et son chapeau sur un fauteuil, au fond.

HORTENSE.
Cela regarde son valet de chambre !...

HENRIETTE.
Du tout, cela me regarde. Il a besoin de moi, il a besoin de m'embrasser pour le consoler, s'il a perdu, ou pour se réjouir avec moi s'il a gagné... Oh! il aura gagné, j'en suis sûre!

HORTENSE.
Et tu me laisses ainsi dans la position la plus difficile... ce comte d'Aranda qui va revenir.

HENRIETTE, *s'ajustant toujours.*

Louise ne le laissera pas entrer.

HORTENSE.

Et s'il force la consigne... il est si hardi... si témé-
raire... songe à l'incendie de ce pavillon...

HENRIETTE.

Je ne serai pas longtemps, je te le promets. Il n'y a
que la rue à traverser, et je reviens tout de suite à ton
secours. Jusque là ferme bien les portes et les fenêtres ;
et puis, ici ce n'est pas comme à Madrid... on crie au
feu, et on a les pompiers...

Elle sort par le fond.

SCÈNE VI.

HORTENSE, *seule.*

A-t-on jamais vu une rencontre, un hasard pareil !
c'est à confondre !... Comment se fait-il?... non ! non !
je ferai mieux de ne pas chercher à comprendre... car,
en cherchant, je pense à lui, et à force d'y penser...
(*Elle s'assied.*) Heureusement il n'en saura jamais rien,
et ne pourra se douter que son secret me soit connu...
cachons vite ce portrait... eh bien !... eh bien !... comment donc est ce ressort? je l'ai ouvert... et ne peux
plus le refermer.

Se levant.

Air : *J'ai cent écus d'argent blanc.*

Ah ! j'en perdrai la raison !
Que faire?... ô trouble extrême !
Maudit portrait, rentre donc,
Rentre dans ta prison !
C'est qu'il a l'air, voyez donc,
Oui, l'air de me narguer moi-même !
Et pour qu'il rentre en prison
Aucun moyen !... non... non... non..
(*Retournant le portefeuille dans tous les sens.*)
Secret infernal... dont mes doigts
Sont à plus d'une lieue !
Et qui me rappelle, je crois,
La clé de Barbe Bleue !

Plus que lui, ce d'Aranda,
J'en suis certaine, immola
Et filles et femmes !
Et comme ces dames,
Sur son agenda
En peinture, je suis déjà!
En peinture !
En peinture!...
Oui ! j'y suis, j'y suis déjà!
Ah ! j'en perdrai la raison, etc.

SCENE VII.

LOUISE, HORTENSE.

LOUISE, *entrant vivement par la gauche.*
Madame!... madame... M. d'Aranda!...

HORTENSE.
Je n'y suis pas... je te l'ai dit.

LOUISE.
C'est aussi ce que j'ai répété à ce monsieur...

HORTENSE , *regardant Louise avec anxiété.*
Eh bien !... il est parti.

LOUISE, *froidement.*
Ah ! bien oui ! il est toujours là.

HORTENSE, *troublée.*
Et pourquoi?... que veut-il ?

LOUISE.
Dame ! il redemande le petit portefeuille en velours
qu'il a laissé dans la bibliothèque.

HORTENSE.
O ciel !

LOUISE.
Et qui contient, dit-il, des valeurs... considérables.

HORTENSE, *à part.*
Impossible de le garder... mais, d'un autre côté...
comment le lui rendre... sans qu'il s'aperçoive... que
j'ai vu... que j'ai regardé ce portrait... n'importe?...
(*Refermant le portefeuille. Haut.*) Tiens... tu lui diras...
que c'est toi... qui a trouvé... et gardé ce portefeuille.

LOUISE, *le prenant.*

Soyez tranquille, je l'ai déjà rassuré, je lui ai attesté que personne...

HORTENSE.

A la bonne heure !

LOUISE.

Personne... que madame ne l'avait eu entre les mains.

HORTENSE.

Comment... vous auriez eu l'imprudence !...

LOUISE, *naïvement.*

De quoi ? est-ce qu'il y en aurait ?... C'est la faute de madame qui ne m'a pas prévenue... madame ne me dit jamais rien... et quand les maîtres n'ont pas de confiance...

HORTENSE, *cherchant à se modérer.*

C'est très-bien ! va-t'en ! (*A part, pendant que Louise entre dans la bibliothèque.*) Celle-là aussi qui va faire des suppositions !... mais voyez donc comme... (*Henriette entre par le fond.*) Ah ! c'est toi... Henriette... viens... viens, je t'attendais avec une impatience...

SCÈNE VIII.

HENRIETTE, HORTENSE.

HENRIETTE, *quittant son chapeau.*

Je n'ai pourtant pas été longtemps ! Gabriel me fait dire qu'il ne sait pas à quelle heure il rentrera. Une affaire importante... une seconde affaire en cour royale... c'est bien ennuyeux. Il va être enroué et fatigué... j'ai fait un bon feu dans son cabinet... préparé du linge bien blanc, un bouillon bien chaud... et j'allais venir te retrouver lorsqu'est arrivé... chez moi... un inconnu... un beau cavalier.

HORTENSE.

M. d'Aranda ?

HENRIETTE.

Tu ne penses qu'à lui !

HORTENSE.

Non... mais je le vois partout.

HENRIETTE.

Bien mieux que cela. Un jeune militaire, une jolie moustache, une belle rosette à sa boutonnière... un air si aimable et si distingué... enfin, il est charmant !

HORTENSE.

Et qui donc?

HENRIETTE.

M. de Volberg, ton mari.

HORTENSE.

Mon mari, grand Dieu !

HENRIETTE.

Je ne connais que Gabriel qui soit mieux que lui.

HORTENSE, *avec effroi.*

Mon mari !... il est à Paris.

HENRIETTE.

Lui-même, en personne, et comme il connaît à peine sa femme... il avait écrit d'avance à Gabriel, son ami d'enfance et son conseil, de te prévenir, de te préparer à son arrivée... de peur du saisissement.

HORTENSE, *tout émue.*

Il avait bien raison !

HENRIETTE.

Mais Gabriel, qui a aujourd'hui deux causes à plaider, est depuis ce matin au Palais... et ce pauvre jeune homme... M. de Volberg venait savoir...

HORTENSE.

Quoi donc?

HENRIETTE.

Si tu consentais à le recevoir...

HORTENSE.

Air : *J'en guette un petit de mon âge.*

Qui ? moi, paraître en sa présence ?
Oh ! non ! jamais !

HENRIETTE.

Moi ! j'ai dit : Oui.

HORTENSE.

Ah ! qu'as-tu fait ? quelle imprudence !

HENRIETTE,

Écoute donc !... c'est ton mari !
Quand un mari demande grâce,
On demande permission...
On doit l'accorder... ou sinon
On s'expose à ce qu'il s'en passe !

Et puis, celui-ci m'a touchée... il avait peur... il tremblait... lui, un militaire ! il n'osait se présenter seul...
et alors... moi, je lui ai dit...

HORTENSE.

Achève ?

HENRIETTE.

Que je serais ici à trois heures, et que je me char-
geais de le protéger...

HORTENSE.

Ah ! mon Dieu !

HENRIETTE.

Et dans sa joie... il m'a sauté au cou...

HORTENSE, *avec frayeur.*

Qu'as-tu fait là ?

HENRIETTE.

Bah !... un ami de Gabriel... un ami intime !... et
puis, ce n'est pas moi qu'il embrasserait... j'en suis bien
sûre !

HORTENSE.

Eh ! qui donc ?

HENRIETTE.

C'était toi !... il ne parlait que d'Hortense... de sa
femme... et profitant de ce que tu n'étais pas là, il te
disait des choses si grâcieuses et si tendres... c'est là
un vrai mari... un bon mari... Enfin, je croyais entendre Gabriel... et tu vas en juger par toi-même !

HORTENSE.

Comment, il va venir !

HENRIETTE.

Dans une demi-heure ! le temps seulement de s'ha-
biller.

HORTENSE.

Je ne veux pas le voir !... je ne le peux pas ! M. d'Arandu qui est encore ici...

HENRIETTE.

Lui qui était parti.

HORTENSE.

Il est revenu.

HENRIETTE.

Il faut le renvoyer.

HORTENSE.

Je ne fais que cela, et si tu crois que c'est facile...

SCENE IX.

HENRIETTE, HORTENSE, LOUISE.

LOUISE, *entrant par le fond.*

Madame, le monsieur à qui vous m'avez ordonné de rendre le portefeuille...

HORTENSE.

Eh bien ?

LOUISE.

Vient de s'éloigner...

HORTENSE, *à part.*

Je respire.

HENRIETTE.

A la bonne heure ! quand le mari arrive... c'est bien le moins que l'autre... (*Elle fait le geste de s'en aller.*) Mais il a mis le temps à s'y décider.

LOUISE.

Le temps d'écrire une lettre... de trois pages... pour madame.

HORTENSE, *avec indignation.*

Pour moi !... par exemple ! et qu'en as-tu fait ?

LOUISE, *à voix basse.*

Il m'avait ordonné...

HORTENSE, *avec impatience.*

Parle tout haut !

LOUISE.

Il m'avait ordonné de ne remettre ce billet qu'à madame... à elle seule...

HENRIETTE, *vivement.*

Ne le reçois pas...

HORTENSE.

Si j'étais seule... non certainement... mais puisque tu es là...

HENRIETTE.

Eh bien ?...

HORTENSE, *prenant la lettre et la passant à Henriette.*

Vois toi-même ce qu'il veut ? ce qui l'amène ?... (*A demi-voix.*) car enfin, pour se défendre il faut connaître le danger !...

Louise remonte au fond.

HENRIETTE.

C'est juste !...

Prenant la lettre des mains de Louise.

LOUISE, *à part.*

Je saurai ce que cela veut dire ! c'est à nous que reviennent de droit tous les mystères !

HENRIETTE, *à Louise.*

Laissez-nous.

LOUISE, *à part, et avec dépit, continue en montrant Henriette.*

Et si les amies de madame viennent nous enlever nos profits !...

HORTENSE, *à Louise.*

On t'a dit de nous laisser.

LOUISE, *d'un air doucereux.*

Oui, madame...

Elle sort par le fond.

SCÈNE X.

HORTENSE, HENRIETTE, *tenant la lettre à distance et la regardant sans oser l'ouvrir.*

HENRIETTE.

Vois-tu déjà, à propos de cette lettre, les regards

malins et peut-être les observations de ta femme de chambre !...

HORTENSE.

Que m'importe... si tu savais ce que j'éprouve...

HENRIETTE.

Je crois bien... le cœur me bat... d'émotion...

HORTENSE.

Et moi donc !... et cependant, cela n'est pas sans charme.

HENRIETTE.

Un charme qui fait peur... il vaudrait peut-être mieux ne pas lire.

HORTENSE.

Non... non... il faut tout savoir !

HENRIETTE.

C'est toi qui le veux?

HORTENSE, *avec résolution.*

Oui... brise ce cachet.

HENRIETTE.

C'est fait !... une singulière écriture... toute renversée.

HORTENSE, *avec impatience.*

Une écriture espagnole !

HENRIETTE.

C'est juste !... (*Lisant.*) « Vous savez tout, madame... vous connaissez la passion qui me brûle, qui m'enivre, qui égare ma raison... » (*S'arrêtant.*) Je n'ose pas achever... car si cela commence ainsi...

HORTENSE, *lui arrachant la lettre.*

Eh ! donne donc ?... (*Lisant.*) « Je voulais mourir avec mon secret, c'est vous qui l'avez découvert !... Ce portrait sur lequel se sont arrêtés vos yeux... »

HENRIETTE.

Comment... il saurait déjà que nous avons regardé...

HORTENSE.

Eh ! oui... je n'ai jamais pu refermer le ressort.

HENRIETTE.

Vois-tu, comme on se trouve compromise !

HORTENSE.

Tu as raison... mais c'est incompréhensible!... (*Parcourant la lettre des yeux.*) Comment, surtout, ce portrait se trouve-t-il entre ses mains ?... (*Montrant la lettre.*) Ah! il me l'explique... (*Lisant.*) « A Madrid, dans une réunion de jeunes gens, chacun vantait la beauté de nos dames espagnoles, hors un seul de nos convives, un jeune officier français, qui murmura en souriant : Je connais mieux!... Et comme on le défiait d'en donner la preuve, j'ai là, répondit-il, une miniature... une copie bien imparfaite... car elle a été esquissée par moi... et seulement de souvenir... Il nous fit voir alors une figure divine... enchanteresse... en nous disant : C'est ma femme, messieurs! »

HENRIETTE, *poussant un cri.*

M. de Volberg!

HORTENSE.

Mon mari !...

HENRIETTE.

Comme c'est lui qui, de souvenir... avait...

HORTENSE, *continuant à lire plus rapidement.*

« Dès ce moment, j'étais devenu amoureux de cette image ou plutôt de vous. »

HENRIETTE, *effrayée.*

Ah! mon Dieu !

HORTENSE, *continuant de lire.*

« D'abord, il me fallait ce portrait que M. de Volberg portait toujours sur son cœur. Je gagnai à prix d'or d'adroits picaros qui, au risque de se faire pendre, dérobèrent ce trésor... »

HENRIETTE.

Ah! c'est bien mal !... bien vilain !... et cela prouve...

HORTENSE.

Qu'il est capable de tout... (*Achevant de lire.*) « Il y a quelques jours, apprenant que M. de Volberg, votre mari, allait retourner en France, je n'ai plus écouté que ma jalousie. Je l'ai devancé, j'accours près de vous,

je demande à vous voir, on me refuse votre porte, et
de l'appartement où l'on me faisait attendre... »

HENRIETTE.

Hein !

HORTENSE.

« J'entends une voix, ce devait être la vôtre... elle
prononçait mon nom. Vous le voyez, madame, il y a
des destinées qui sont écrites dans le ciel... je vous
aime... vous m'aimez ! » Mais pas du tout. « Il faut que
je vous voie ou que j'expire... »

HENRIETTE.

Il ne fait que cela.

HORTENSE, *achevant de lire.*

« Je serai toute la journée, toute la nuit sous votre
balcon, si votre fenêtre s'ouvre... c'est que vous consentez à me recevoir.

HENRIETTE.

Par exemple !

HORTENSE.

« C'est que je puis sans danger aller mourir de joie...
à vos pieds. »

HENRIETTE.

Encore ! voilà qui est trop fort !

HORTENSE.

Une audace pareille ! heureusement la croisée reste-
ra fermée.

HENRIETTE, *allant s'assurer que la fenêtre est fermée.*

Plutôt la faire condamner.

HORTENSE.

Et si dans son dépit... dans sa fureur... il va trouver M. de Volberg...

HENRIETTE.

Tant mieux !... il trouvera à qui parler... ah ! M. de
Volberg ne le craint pas.

HORTENSE.

Mais, moi !... je crains un duel... un éclat...

HENRIETTE.

C'est vrai !... eh bien ! qu'est-ce que je te disais ?

l'inconvénient de grandes passions, et il y en a encore
bien d'autres !

HORTENSE.

Lesquels ?

SCÈNE XI.

LES PRÉCÉDENS, MARIA.

HENRIETTE, *poussant un cri.*

Ah ! Maria !... viens nous aider... nous donner un
bon conseil !

MARIA.

Moi, mes amies... quand je ne sais moi-même quel
parti prendre !... je suis au désespoir !...

HENRIETTE.

Et pourquoi donc ?

MARIA, *à Henriette.*

Tu disais vrai... j'ai des nouvelles... par ton mari,
M. Gabriel, que je viens de rencontrer.

HENRIETTE.

Il sortait du palais... est-il bien fatigué ? a-t-il gagné ?

MARIA.

Tout ce que j'ai appris de lui... c'est que M. d'Aranda
son client est à Paris.

HORTENSE, *à part.*

Elle croit nous l'apprendre !... (*Haut.*) Eh bien ! que
t'importe ?

MARIA.

Ce qu'il m'importe !... mais M. d'Aranda est celui que
j'aime !

HORTENSE *et* HENRIETTE, *poussant un cri.*

Ah !...

Puis se rapprochant l'une de l'autre, elles se serrent la main
en tremblant comme pour se recommander mutuellement
le silence.

MARIA.

Qu'avez-vous donc ? comme vous voilà troublées toutes deux !

HORTENSE.

Pour toi... pour toi seule ! la surprise ! l'émotion !...

HENRIETTE.

Ce... ce... d'Alvarez dont tu nous parlais ce matin...

MARIA, *passant près d'Hortense.*

C'était lui!

HORTENSE.

Quoi! cet amant qui s'est précipité au milieu des flammes...

MARIA.

C'était lui!... et pour moi! pour moi qu'il aimait alors! qu'il aimait plus que la vie!... qu'il devait aimer toujours!

HORTENSE, *à part.*

Toujours!...

MARIA.

Et il m'abandonne... il me trahit... il en aime une autre!

HENRIETTE.

En es-tu bien sûre?

MARIA, *à Henriette.*

Il l'a avoué lui-même à Gabriel... à ton mari.

HORTENSE.

O ciel!

MARIA.

Sans vouloir la lui nommer, par malheur!...

HORTENSE, *à part.*

Je respire!

MARIA, *avec rage.*

Il en aime une autre!... et quand son service près du roi aurait dû le retenir à Madrid... c'est pour elle qu'il vient à Paris, et sans doute il l'a déjà vue!

HORTENSE, *vivement.*

Oh! non... ce n'est pas vrai!

MARIA.

Qu'en sais-tu?

HORTENSE.

Puisqu'il arrive... à peine...

MARIA.

Enfin... il cherchera à la voir... j'épierai ses pas... je le ferai suivre... et cette rivale... quelle qu'elle soit...

HORTENSE.

Peut-être est elle innocente?

MARIA.

Tu la défends!

HORTENSE.

Moi!... par exemple!... mais enfin, si c'était malgré elle... qu'elle fût aimée...

MARIA, *avec colère.*

AIR : *Prenons d'abord l'air bien méchant.*

Elle est aimée!... ah! c'en est trop!
Elle est aimée!... elle est coupable!
Ou du moins le sera bientôt ;
Et pour punir un trait semblable,
Moi, j'irai trouver son mari.

HORTENSE, *effrayée.*
C'est l'imprudence la plus haute!

MARIA.
Je lui dirai qu'il est trahi!

HENRIETTE, *joignant les mains.*
Ah! grâce au moins pour le mari,
Celui-là... ce n'est pas sa faute!

HORTENSE.

C'est vrai... et cette pauvre femme...

MARIA, *avec indignation.*
Cette pauvre femme!

HORTENSE, *vivement.*
Non! cette coupable femme!

MARIA.
A la bonne heure!... tu m'aideras à la découvrir!

HORTENSE, *effrayée.*
Moi!...

MARIA, *descendant à droite.*
Ou plutôt je m'en rapporte à l'amour de M. d'Aranda pour me la désigner... Il ne la quittera plus... obstacles, refus, défenses, rien ne l'arrêtera ; il pénétrera dans sa maison... malgré elle!...

Elle s'assied près de la table.

HORTENSE, *bas à Henriette.*
Je suis prête à me trouver mal.
HENRIETTE, *de même.*
Et moi aussi...
HORTENSE, *de même.*
Ne t'en avise pas !...
MARIA.
Mais dussé-je les poignarder tous les deux de ma main... (*Regardant sur la table.*) O ciel !... cette carte... c'est la sienne... c'est son nom ! d'Aranda !... (*Au moment où Maria a saisi la carte, Henriette est tombée sans connaissance dans le fauteuil.*) Qu'est-ce que cela signifie ?... répondez-moi ?... (*Elle se lève.*)
HORTENSE.
Est-ce que je le peux ! Henriette qui se trouve mal... vite des sels... un flacon... (*Se fouillant.*) Ah ! j'ai le mien !
MARIA, *avec impatience.*
Eh ! non... non... tout uniment de l'air...
Elle va ouvrir la fenêtre, Hortense debout près du fauteuil d'Henriette lui prodigue ses soins.
HORTENSE.
Elle revient... elle revient...
HENRIETTE, *lui mettant la main sur la bouche.*
Non !... non !... tais-toi !... (*Se retournant vers Maria qui s'approche d'elle.*) Un spasme, une palpitation... c'est facile à comprendre...
MARIA, *gravement et s'échauffant par degré.*
Ce qui l'est moins, c'est cette carte... comment est-elle là sur cette table ?... Vous me trompiez donc toutes deux ?... vous connaissez M. d'Aranda... il est venu ici... vous l'avez vu !...
HORTENSE.
Eh bien ! puisqu'il faut te dire la vérité... car avec toi... à peine ose-t-on l'avouer !... Oui... il est venu ici... tantôt, lorsque toi-même tu étais avec nous... mais nous ne l'avons pas reçu... et la preuve, c'est que voilà sa carte... aurait-il laissé son nom, s'il était entré?

MARIA.

C'est vrai... c'est vrai.

HENRIETTE, *à part.*

Ah ! comme elle ment déjà !

MARIA, *avec abandon.*

Eh bien ! voyez, mes amies, comme ma pauvre tête est facile !... sur la simple vue de cette carte je me croyais déjà trahie... trahie par vous que j'aime tant... pardon, pardon.

HENRIETTE, *à part.*

Pauvre Maria !

MARIA.

Mais dès que tu me promets... de ne pas le recevoir...

HORTENSE.

Je te le jure... et si je manque à ce serment... Ah !... Apercevant la fenêtre qui est restée ouverte, elle pousse un cri et tombe évanouie sur le fauteuil à droite.

MARIA, *étonnée.*

Comment, et elle aussi !

HENRIETTE, *courant à Hortense.*

Ah! mon Dieu ! elle se trouve mal !... Hortense... qu'as-tu ?... Ah !... je crois bien... cette fenêtre ouverte... qu'il faut fermer...

Elle va pour y courir.

MARIA, *la retenant par la main.*

Mais au contraire... pourquoi trembles-tu ainsi ?

HENRIETTE, *à part.*

Je n'y vois plus rien... il arrivera quelque malheur !

SCÈNE XII.

MARIA, HENRIETTE, LOUISE, *accourant avec em-pressement,* HORTENSE, *sur le fauteuil à droite et revenant peu-à-peu à elle.*

LOUISE, *vivement.*

Madame, madame, M. le comte de Volberg !...

Elle remonte au fond.

HORTENSE, *se levant.*

O ciel !

MARIA.

Qu'est-ce que cela veut dire ?

HENRIETTE, *vivement et à voix basse.*

Ce que nous n'avons pas eu le temps de t'expliquer... son mari est de retour de Madrid... c'est là sans doute ce que M. d'Aranda venait nous annoncer... ce mari qu'elle connaît à peine... et qu'elle tremble de voir...

MARIA.

Est-il possible !

HENRIETTE.

Voilà d'où vient le trouble... la frayeur où nous étions... où nous sommes encore... (*A part.*) Ah ! mon Dieu ! comme je mens aussi !... c'est effrayant !...

MARIA.

Mes pauvres amies...

HENRIETTE.

Mais dans ce moment... dans l'état où elle est... une première entrevue est impossible...

MARIA.

Tu as raison !... je reconduis Hortense dans sa chambre !... mais son mari...

HENRIETTE.

Moi qui le connais, je vais le recevoir ou plutôt le renvoyer par quelque moyen innocent !... je mentirai.

MARIA.

C'est bien !... (*A Louise.*) Allez !... (*Louise entre à droite. — A Hortense qui est restée immobile et accablée dans son fauteuil.*) Viens... je ne te quitte plus !

HENRIETTE, *à part.*

Ah ! mon Dieu ! et l'autre qui va venir !... (*Fermant la croisée.*) Au moins, il n'entrera pas par là !...

ENSEMBLE.

Air : *Garde à vous ! garde à vous !*

Sauve-nous ! sauve-nous !
Dieu protecteur des femmes !
Dis-nous comment ces dames
Eloignent les jaloux.

Sauve-nous ! sauve-nous !
O toi, qui toujours veilles
Pour fermer les oreilles
Et les yeux des époux,
Sauve-nous!
Ah ! prends pitié de nous,
Sauve-nous!

(Maria reconduit Hortense à droite, tandis qu'Henriette
sort par le fond.)

FIN DU PREMIER ACTE.

ACTE II.

Un salon dans la maison de Gabriel Blinval, au fond, une
cheminée. — A gauche, au premier plan, porte de l'exté-
rieur. Au deuxième plan, une petite porte conduisant à
l'intérieur de l'appartement ; à droite, au premier plan,
porte du cabinet de Gabriel ; au deuxième plan, une fenêtre. A droite, une petite table avec écritoire ; à gauche,
une autre petite table.

SCÈNE PREMIÈRE.

HENRIETTE, *assise près de la cheminée, et brodant au
coin du feu.*

Après une matinée comme celle d'aujourd'hui, quel
bonheur d'être seule, chez soi, dans son ménage et au
coin de son feu !

Air *du Premier Pas.*

Au coin du feu
Où l'amour le réclame,
Il va venir et c'est là mon seul vœu ;
Se réchauffant à notre douce flamme,
Il va trouver le bonheur et sa femme
Au coin du feu !

Deuxième Couplet.

(Se levant.)

Au coin du feu

 D'ARANDA.

Gaîment le temps se passe
Quand on travaille... et quand on rêve un peu !
(Montrant le fauteuil qui est près de la cheminée.)
Il n'est pas là... mais c'est là qu'est sa place
Et bien souvent c'est là... là qu'il m'embrasse,
Au coin du feu !

SCÈNE II.

HENRIETTE, GABRIEL, *sortant de la porte à droite.*

GABRIEL.

Attends-moi là... te dis-je !

HENRIETTE.

Ah ! Gabriel ! mon mari ! tu es rentré ?

GABRIEL.

Oui, par mon cabinet, où j'étais avec un ami, et je te cherchais...

HENRIETTE.

Je crois bien ! il y a si longtemps que nous ne nous sommes vus ! Embrasse-moi donc !

GABRIEL.

Ma chère petite femme !

HENRIETTE.

As-tu bien plaidé ? as-tu gagné tes deux procès ?

GABRIEL.

Certainement !

HENRIETTE.

Et depuis quand es-tu revenu ?

GABRIEL.

Depuis une heure au moins.

HENRIETTE.

Et je n'étais pas là !

GABRIEL.

J'ai trouvé, grâce à tes soins, tout ce qu'il me fallait.

HENRIETTE.

Excepté moi ! Je t'en demande bien pardon ! j'étais près d'ici à l'Abbaye-aux-Bois, chez une amie de pension que j'ai retrouvée, qu'est-ce que je dis ? deux amies qui y demeurent. Je te raconterai cela ; Maria d'Esca-

lonne, que tu connais, et Hortense de Volberg que tu
ne connais pas encore; mais si tu le veux, je vais te
présenter à elle... Je prends mon schall et mon chapeau
et nous irons tous deux bras dessus bras dessous, cela
te fera plaisir, n'est-ce pas?

GABRIEL.

Sans doute! mais plus tard... je l'ai à peine vue!

HENRIETTE.

C'est vrai! mais je tiens à ce qu'elle te connaisse. Je
lui ai dit tant de bien de toi...

GABRIEL.

Que tu m'auras fait du tort, à moi qui n'ai d'autre
mérite que d'être un bon mari... et je ne suis pas le
seul. Il y en a un ici qui ne demande qu'à se montrer
et que tu as congédié.

HENRIETTE.

Moi!

GABRIEL.

Tu l'as renvoyé à demain, en lui disant que sa femme avait la migraine, une migraine affreuse.

HENRIETTE.

Ce pauvre Volberg.

GABRIEL.

Et il est venu chez moi me confier ses peines... il a
eu raison, c'est à moi de le protéger, de le servir, de
plaider pour lui... c'est mon état d'abord... et mon de-
voir! sais-tu que je serais resté dans mon village...
paysan toute ma vie... sans son père, le général Volberg...

AIR *de Taconnet.*

C'était un bon et loyal militaire,
Dont on a fait plus tard un sénateur !
Pendant vingt ans et plus, l'Europe entière
Comme soldat, admira sa valeur. (Bis)
Mais sénateur, jamais à la tribune
Sa voix muette, hélas! n'a retenti :
Mais sous l'empire, il en était ainsi.

En se taisant, on faisait sa fortune...
C'est en parlant qu'on la fait aujourd'hui!..

Eh bien ! c'est lui, c'est ce brave homme qui, me devinant quelques dispositions, m'a fait sortir de mon village, m'a obtenu une bourse au Lycée Impérial et m'a fait élever avec son fils, devenu mon camarade, et mon ami ; c'est à eux que je dois mon état... et bien plus encore, ma bonne petite femme... mon Henriette !... car, malgré mon amour... si je n'avais pas eu quelques talens, quelques succès au barreau, ton père ne m'aurait jamais choisi pour gendre.

HENRIETTE.

Et il aurait eu bien grand tort, Gabriel.

GABRIEL.

N'est-ce pas ?

HENRIETTE.

Ç'aurait été bien dommage ! nous sommes si heureux !

GABRIEL.

Eh bien !... ce bonheur-là, il faut par reconnaissance, le rendre à Volberg... il faut le réunir à sa femme.

HENRIETTE.

Je ne demande que cela. Mais c'est que... tiens... je ne dois rien dire !... aussi, ne m'interroge pas...

GABRIEL.

Je n'en ai pas besoin... j'ai tout deviné !

HENRIETTE, *vivement.*

Vrai !... eh bien ! tant mieux... car cela me faisait trop de peine de te cacher quelque chose. C'était la première fois... mon Dieu, que cela doit être difficile de tromper son mari.

GABRIEL.

Pas tant !

HENRIETTE.

Toi, d'abord, tu le verrais tout de suite ! ce serait du moins un avantage.

GABRIEL.

Avantage dont je ne veux pas !... mais pour en revenir à Hortense... (*A voix basse.*) il y a donc quelque obstacle?...

HENRIETTE, *à demi-voix.*

Ce grand d'Espagne... ton client...

GABRIEL, *souriant.*

M. d'Aranda!... un sentiment...

HENRIETTE.

Du tout!... des idées romanesques...

GABRIEL.

Dont il faut la dégoûter.

HENRIETTE.

Cela commence déjà !

GABRIEL.

Bravo ! c'est à nous d'achever...

HENRIETTE.

Et comment... par quels moyens ?

GABRIEL.

Par des moyens... que nous autres avocats nous avons toujours en réserve... des moyens oratoires qui font triompher les bonnes causes et quelquefois même les... mais, pour cela, il faut que ces moyens-là, personne ne les connaisse... ou ne les prévoie.

HENRIETTE.

Sans doute. Mais à moi, c'est différent ! tu peux bien m'expliquer...

GABRIEL.

Moins qu'à toute autre... tu es si bonne, mon Henriette, si franche et si naïve... que tu laisserais peut-être voir, malgré toi, ce qu'il importe de cacher à tout le monde !

HENRIETTE.

Je ne comprends pas!...

GABRIEL.

C'est inutile, nous ne faisons qu'un à nous deux...

HENRIETTE.

Oui...

GABRIEL.

Eh bien!... dès qu'il y en a un qui comprend...

HENRIETTE.

C'est juste!... qu'est-ce qu'il faut faire?

GABRIEL, *avec admiration,*

Elle n'en demande pas davantage! et elle a confiance!... voilà une femme!... vois-tu bien... chère amie... Volberg... (*Montrant le cabinet à droite.*) qui est là, ne doit rien savoir... nous autres maris nous sommes jaloux de tout... même du passé... même d'un rêve!

HENRIETTE.

Je vais prendre garde alors à ce que je rêverai.

GABRIEL, *la serrant dans ses bras.*

O ma gentille Henriette...

HENRIETTE.

Eh bien! achève donc... (*Il l'embrasse.*) non! pas ça... ton récit...

GABRIEL.

Tu m'as dit que les songes d'Hortense commençaient à se rembrunir; or, suis bien mon raisonnement : comme ce sont les ombres qui font ressortir un tableau, il faut que le tableau paraisse. L'instant est favorable, et au lieu de remettre l'entrevue à demain... il faut que M. de Volberg se montre aujourd'hui...

HENRIETTE.

C'est bien... je cours parler à Hortense.

GABRIEL.

Et moi, à M. d'Aranda!

HENRIETTE.

Quel bonheur, nous voilà ligués ensemble, pour faire triompher la bonne cause!...

GABRIEL.

Celles des maris!

HENRIETTE.

Voilà un procès que j'aime!

Air *des Scythes et des Amours.*

GABRIEL.

Ah! vous devez les aimer tous, ma femme!
Sinon par goût, du moins par notre état;
Moi, j'en gémis, comme homme, et je les blâme;

J'en profite comme avocat.
Oui, je contemple en philosophe, en sage,
Tous les débats, les guerres, les procès !
Nous en vivons, dans notre heureux ménage,
Mais, grâce au ciel, nous n'en usons jamais,
Non, jamais ! nous n'en usons jamais.

HENRIETTE.

Et si nous gagnons ce procès à nous deux, qu'est-ce
que j'aurai pour ma part?

GABRIEL.

Je t'embrasserai bien... pour tes honoraires !

HENRIETTE.

Monsieur ne paie rien d'avance?

GABRIEL, *l'embrassant vivement.*

Si vraiment !

SCÈNE III.

LES PRÉCÉDENS, M. DE VOLBERG.

VOLBERG, *paraissant à la porte du fond.*

A merveille !

HENRIETTE, *se retirant confuse.*

Dieu ! M. de Volberg.

VOLBERG, *à Gabriel.*

Je suis là... je sèche d'impatience... et tu m'oublies.

HENRIETTE, *vivement.*

Oh ! non, monsieur...(*Baissant les yeux.*) Nous nous
occupions de vous !

VOLBERG, *souriant.*

Tout-à-l'heure?

HENRIETTE.

Oui, sans doute... je pensais que je voudrais bien
vous voir près de votre femme...

VOLBERG.

Comme Gabriel près de la sienne... c'est là le plus
cher, le plus doux de mes rêves.

GABRIEL, *passant à la table à droite.*

Et il ne tardera pas à se réaliser, car Henriette est
pour toi !

VOLBERG.

Je le sais! c'est elle, c'est son gracieux accueil qui ce matin m'a rendu le courage!

HENRIETTE.

C'est tout simple, les amis de mon mari sont les miens. Mais vous en direz bien plus que moi... par votre seule présence.

VOLBERG.

Vous croyez?

GABRIEL.

C'est le meilleur argument!

HENRIETTE, *souriant.*

Oui, sans doute... et quand on a d'aussi bonnes raisons à présenter... on a grand tort de le faire aussi tard!

VOLBERG.

J'étais retenu en pays étranger... en Espagne...

HENRIETTE, *vivement.*

On écrit du moins!

GABRIEL, *assis, parcourant des papiers.*

Il était prisonnier... à Cadix... sur des pontons anglais.

VOLBERG.

Et à peine libre... à peine arrivé à Madrid, j'ai écrit à Gabriel pour lui demander ce que faisait ma femme... ce qu'elle pensait! et à qui elle pensait... car vous me parliez de mes torts, madame; le plus grand de tous pour un mari... c'est l'absence. Aussi, je ne viens ni pour me plaindre... ni pour accuser... mais si j'apprenais qu'une autre pensée... un autre sentiment... règne dans son cœur...

HENRIETTE, *avec effroi.*

Eh bien?...

VOLBERG.

Je romprais des nœuds devenus pour elle insupportables... je partirais...

HENRIETTE, *à part.*

O ciel!... (*Haut.*) Non... monsieur, non, vous ne partirez pas... Hortense ne pense à personne... qu'à vous... qui êtes révéré... et estimé d'elle... (*Timidement.*) Elle n'en est encore qu'à l'estime... mais bientôt...

VOLBERG.

Ah! c'est tout ce que je demande! il me siérait mal
d'être exigeant, et pourvu que j'entende de sa bouche...
ce que vous venez de me dire...

HENRIETTE.

Vous l'entendrez... je vous en réponds...

AIR : *Je veux vous avoir pour compagne.*

Sur nous, que votre espoir se fonde,
Et dans ce moment décisif
Formons un accord défensif!

VOLBERT, *vivement.*

Contre qui?

HENRIETTE.

Contre tout le monde!
Et d'abord, calmant votre effroi,
Vous allez, à mes lois fidèle,
Me donner le bras?

VOLBERG.

Et pourquoi?

GABRIEL, *se levant.*

Que t'importe?... fais comme moi,
Et laisse-toi mener par elle!

VOLBERG.

Trop heureux!... je fais comme toi :
Je me laisse mener par elle.

HENRIETTE, *à Volberg.*

Venez... allons chez Hortense.

HORTENSE, *en dehors.*

Mais oui, monsieur... il faut que je parle à Mme Blinval... il le faut!

HENRIETTE, *à Volberg.*

C'est sa voix! c'est elle!

GABRIEL.

Dieu! je m'en vais...

Il se sauve dans son cabinet, à droite.

VOLBERG. Eh bien!... où va-t-il?...

HENRIETTE.

Où il va?... ah!... je sais... je sais... (*A part.*) Chez
M. d'Aranda, sans doute, il ne faut pas dire!...

SCÈNE IV.

HORTENSE, HENRIETTE, VOLBERG.

HORTENSE, *entrant par le fond, s'adressant à Henriette sans voir Volberg, qui est un peu à l'écart.*

Ah ! te voilà ! Maria doit venir tantôt chez toi, et j'ai voulu, avant sa visite, te voir et te parler... si tu savais tout ce qui m'est arrivé depuis une heure !...

HENRIETTE, *lui faisant signe de se taire.*

Rien de comparable, sans doute, à ce qui t'arrive en ce moment... une personne que je me suis chargée de te présenter... (*Prenant par la main Volberg, qui s'avance timidement derrière elle.*) M. de Volberg !

HORTENSE, *poussant un cri.*

Mon mari !... (*Regardant avec émotion et surprise Volberg, qui s'incline devant elle.*) O ciel !... bien sûr ?

VOLBERG.

Oui, madame... par malheur, peut-être... car le trouble où je vous vois...

HORTENSE.

Vient de ma surprise, monsieur ; je ne vous aurais pas reconnu !...

VOLBERG.

Je n'en puis dire autant... C'est bien vous... telle que vous étiez, telle que je vous ai vue... je me trompe ! plus belle encore... mais ces changemens-là...

HENRIETTE.

N'empêchent pas de reconnaître.

VOLBERG.

C'est ce que je voulais dire, madame.

HORTENSE. Et moi... monsieur...

HENRIETTE.

Qu'est-ce que ces mots-là... *Monsieur... Madame...* et puis, ce ton et ces airs de cérémonie... une scène de ménage en gants blancs !... (*A Hortense.*) Apprends d'abord, ma chère Hortense, qu'il t'aime depuis deux ans, qu'il n'a jamais aimé que toi... qu'il ne t'a pas écrit, parce qu'il était prisonnier. Et maintenant que vous vous êtes expliqués et entendus, que vous vous connaissez parfaitement... commencez par vous embrasser.

Elle fait passer Hortense.

(Voyant Volberg et Hortense qui restent interdits.)

Air : *Le beau Lycas aimait Thémire.*

Eh ! quoi, vous hésitez encore !
D'où vient cet effroi mutuel ?
(Bas à Hortense.)
Il est jeune, aimable, il t'adore,
Il est comme était Gabriel !

VOLBERG, *à Hortense.*

Que le calme rentre en votre âme !
Oui, quoique vous soyez ma femme,
Je fais le serment solennel   (Bis.)
De ne rien exiger, madame !

HENRIETTE, *à part.*

Ce n'est plus comme Gabriel !
Oui, je l'atteste sur mon âme,
Ce n'est plus comme Gabriel !

VOLBERG.

Pour vous, rien à craindre, madame !
Je l'atteste devant le ciel !

HORTENSE.

Le calme rentre dans mon âme !
Oui, je respire, grâce au ciel.

VOLBERG.

Bien des hommes s'imaginent que la femme, que l'esclave qui porte leur nom leur appartient et leur est donnée de par la loi ! il faut les plaindre... ils n'ont jamais aimé. Celui qui aime réellement est trop ambitieux de tendresse pour en appeler jamais à l'autorité, et il n'attend rien que de son amour ; oui, mes droits je les abdique, et c'est de vous-même, Hortense, que je veux les obtenir. Je viendrai à votre appel, je m'éloignerai à votre ordre ! Je ne suis pas un mari, je suis un amant, un prétendu, et je viens vous faire la cour.

HENRIETTE. C'est gentil !

HORTENSE.

Ah ! monsieur, tant de délicatesse... (*A part.*) Quelle différence !

HENRIETTE, *bas à Volberg.*

Elle est touchée! cela va bien!... (*Haut.*) Commencez donc tout de suite à faire votre cour... Nous sommes en nombre : la fiancée, le prétendu, moi je serai la mère!...

HORTENSE.

Toi?...

VOLBERG.

J'accepte!...

AIR : *Du ciel pour nous la bonté favorable.*
(De la Dame-Blanche.)

(*A Volberg.*)   (*A Hortense.*)

Vous, écoutez... et vous, tâchez de plaire,
Chacun son rôle, et pour moi je crains bien,
De mal remplir celui de votre mère,
Car, je le sens, je n'empêcherai rien !
J'entendrai tout et ne défendrai rien !

ENSEMBLE.

HENRIETTE.

Allons, ma fille, allons, écoutez bien !

HORTENSE, *à part.*

Il va parler! Ah! quel trouble est le mien!

VOLBERG.

Ah ! quel bonheur! Ah ! quel trouble est le mien !

HENRIETTE, *s'asseyant près de la table.*

C'est-ça!... Hortense entre nous deux!...
Hortense s'assied près d'elle ; Volberg prend un siége et se place au milieu du théâtre.

VOLBERG, *s'adressant à Hortense.*

Vous rappelez-vous, madame, dans les derniers temps de l'empire... les belles parades qui avaient lieu dans la cour du carrousel quand nous défilions sous le balcon de l'Horloge. Sur ce balcon se tenaient d'ordinaire les plus jolies femmes de la cour impériale... il y avait surtout... une jeune fille... que nous autres officiers ou pages de l'empereur nous admirions... tandis qu'elle ne faisait pas même attention à nous... c'était tout simple... tout naturel... plusieurs fois , aux fêtes des Tuileries, au bal de la cour je l'aperçus... belle et radieuse... environnée d'hommages et je ne pouvais lui

parler, je ne pouvais même danser avec elle, mon service et mes fonctions me retenaient près du maitre...
une fois seulement elle laissa tomber en dansant un bracelet, je me précipitai pour le ramasser... mais l'empereur qui, ce soir-là par hasard, se mêlait d'être galant me le prit des mains... et je n'eus pas même le bonheur de le lui rendre à elle-même...

HORTENSE, *souriant*. C'est vrai...

HENRIETTE, *avec finesse*.

Ah! tu étais à ce bal ?

HORTENSE.

Oui... je me rappelle l'aventure du bracelet... mais quant au jeune officier qui l'avait ramassé... j'avoue ne pas l'avoir remarqué.

VOLBERG.

C'était déjà... comme plus tard!... c'était dans ma destiné.

HORTENSE.

Non, monsieur, mais il est tout simple que dans la foule...

VOLBERG.

Ah! c'est qu'il y avait toujours foule autour de cette personne-là et quoique sans espoir,... car sa fortune nous séparait, je me disais cependant : je n'aimerai jamais d'autre femme. Jugez de mon ivresse, quand ma mère, ma mère qui l'avait vue et à qui j'avais tout confié, m'écrivit : l'empereur te donne la main de Mlle de Courville! Aussi, ni blessure, ni danger ne m'arrêtèrent; presque mourant, je voulus qu'on me transportât à Paris, près d'elle, afin d'expirer du moins la main dans sa main. Je n'eus pas de chance, madame, ce coup de sabre... qui m'avait défiguré... ces bandages sanglans qui m'entouraient, lui inspirèrent moins d'intérêt que de répulsion... j'arrivais pour mourir et je ne parvins qu'à me faire détester.

HORTENSE, *avec émotion*.

Ah! monsieur...

VOLBERG, *gaiement*.

C'était ma faute!... il y a des gens malheureux ou

plutôt maladroits à qui rien ne réussit... j'étais de ceux-là... obligé de partir de nouveau avec notre empereur (la fortune l'abandonnait, ce n'était pas le moment de le quitter), j'eus encore la gaucherie de rester pour mort sur le champ de bataille et de tomber prisonnier entre les mains de nos ennemis.

HORTENSE, *avec intérêt*. En vérité!

VOLBERG, *gaiement*.

Ce sont deux années bien mal employées, n'est-ce pas? et je vous avoue... qu'à mon retour j'espérais réparer le temps perdu, et je me voyais déjà si heureux au sein de mon ménage!... mon ménage!... ce mot seul faisait bondir mon cœur de joie.

HENRIETTE.

Je le crois bien!

VOLBERG.

Car pour moi il voulait dire : Amour et sécurité! confiance et bonheur! il me montrait en perspective une compagne, une amie de tous les instans; volontiers un bon militaire est un bon mari, et je me disais : Mon unique soin sera de complaire à ma femme et de lui être fidèle, je la suivrai comme je suivais mon drapeau, je l'aimerai... comme j'aimais mon empereur... tels étaient mes rêves dans ma prison!... (*Souriant.*) Je me rappelle même avoir composé alors un nouveau code de mariage...

HENRIETTE.

Vraiment!

VOLBERG.

Malheureusement, il n'y a qu'un article de rédigé.

HENRIETTE.

Voyons toujours?

VOLBERG.

Charte de ménage : Article premier. La femme ne doit pas obéissance à son mari.

HENRIETTE.

Très-bien. J'approuve le législateur.

HORTENSE, *avec un demi-sourire*.

Mais il n'y aura donc pas de maître dans votre maison?

VOLBERG.

Au contraire!... il y en aura deux!

HENRIETTE.

Juste comme chez nous! la belle charte! quel dommage qu'il n'y ait qu'un article.

VOLBERG.

Il y en a bien d'autres, là! et d'abord, quoique mariés... à nous tous les plaisirs de la jeunesse : cinq mois à la campagne et deux mois de voyage.

HENRIETTE.

J'approuve...

Volberg passe entre les deux dames, et s'appuie sur le dos du fauteuil d'Henriette.

VOLBERG.

Avec vous, chère belle-mère, nous vous emmenons, ainsi que Gabriel!

HENRIETTE.

Pendant les vacances! c'est charmant! voilà le roman que j'aime!... le roman conjugal!

VOLBERG.

Lequel, grâce à Dieu, a plus d'un volume! La belle vie que la vie de Paris, quand on est jeune, quand on est riche, et quand on s'aime. Quel plaisir de prodiguer à sa femme toutes les jouissances du luxe, de la mode et des arts, de parer son idole, de la voir briller dans toutes les fêtes, de s'enivrer de ses triomphes, de sentir le cœur qui vous bat d'orgueil et d'amour quand on entend murmurer autour de soi : Ah! qu'elle est belle!... et le soir en rentrant, quel bonheur de se dire : Celle que chacun admire, celle que chacun m'envie, elle est à moi... c'est mon bien, mon trésor, c'est ma femme!

HENRIETTE, *regardant Hortense.*

Très-bien... très-bien, mon gendre!

VOLBERG.

Puis, quand revient la belle saison, vous courez vous ensevelir tous deux à la campagne pour savourer ces souvenirs et jouir de vous... une campagne fraîche et riante comme vos pensées, de belles eaux, de beaux ombrages... et tous deux, dès le matin, parcourant les bois, vous éprouvez cette joie indicible de vous appartenir à vous seuls et de sentir dans cet éloignement de toutes choses, que rien ne vous manque. Puis, au retour, on passe par son village, on s'arrête ensemble à la chaumière de quelques pauvres gens... quand on est heureux, on a besoin que tout le monde le soit ; des secours intelligens et non comptés, de bonnes paroles qui portent fruit... vous font pardonner par le pauvre lui-même, votre fortune et votre bonheur !

HORTENSE, à part.

Ah ! qu'est-ce que j'éprouve...

VOLBERG.

AIR d'Aristippe.

Mais du repos a sonné l'heure,
Il faut rentrer, ne tardons pas,
Nous regagnons notre demeure,
Et ma compagne, à chaque pas,
Tout en causant se penche sur mon bras.
Pendant ce temps, la joie au fond de l'âme,
Pour nous le soir, le pauvre a prié Dieu !
Lui demandant mon bonheur... et ma femme
Se charge d'accomplir son vœu !

HORTENSE, avec émotion.

Ah !... monsieur... (Se retournant avec impatience.) Ah ! mon Dieu ! qui vient là !...

LOUISE, en dehors.

Madame doit être là !...

HORTENSE, avec humeur.

Nous déranger !...

HENRIETTE, vivement.

Nous déranger !... (A Volberg.) Voilà un mot de bon augure !

SCÈNE V.

LES MÊMES, LOUISE, entrant à gauche, tenant un carton à la main.

LOUISE, à Hortense.

C'est moi, madame. La fleuriste vient d'apporter à la maison le bouquet et la guirlande qu'on lui avait commandés, et que madame attendait avec tant d'impatience.

HORTENSE, *avec impatience.*

Eh bien!... Qu'importe?

LOUISE.

Elle voulait absolument avoir l'avis de madame. C'était, disait-elle, important et pressé... (*D'un air d'intelligence.*) madame le verra bien, et comme madame était ici... je me suis permis...

HORTENSE.

Posez cela sur cette table. Nous verrons cela plus tard avec Henriette... (*Se tournant d'un air gracieux vers Volberg.*) Vous disiez donc... monsieur...

Henriette va au guéridon à gauche où Louise a posé le carton.

VOLBERG.

Je disais, madame, que les affaires sérieuses doivent passer avant tout... et si ma présence vous empêche de regarder ces fleurs, je n'oserai rester.

HENRIETTE, *vivement.*

J'obéis, monsieur... (*Ouvrant le carton.*) Oui, cette guirlande n'est pas mal!... (*Au Domestique.*) Répondez que je la garde... (*Elle présente la guirlande à Henriette.*) Qu'en dis-tu?

HENRIETTE, *l'essayant sur son front.*

Je demanderai l'avis de M. le comte?

VOLBERG, *la regardant.*

Elle me paraît charmante.

LOUISE. *haut.*

Madame n'a pas autre chose à me dire?...

HORTENSE.

Non!...

Louise sort par la gauche.

HENRIETTE.

Et le bouquet?...

HORTENSE, *allant au carton.*

Ah!... le bouquet... (*L'ouvrant.*) O ciel! encore une lettre... une lettre de d'Aranda... cette fatale écriture...

HENRIETTE, *essayant toujours la guirlande.*

Est-il bien?

HORTENSE, *fermant vivement le carton.*

Très-bien.

HENRIETTE.

Voyons-le?

HORTENSE.

C'est inutile!... ce sont les mêmes fleurs !

HENRIETTE.

Mais cependant...

HORTENSE, *vivement.*

Cela suffit, te dis-je!... (*A part.*) Quelle audace!...
devant mon mari... j'en suis toute tremblante!...

Henriette remonte devant la cheminée.

VOLBERG.

Est-ce dans un bal que doit briller cette parure ?

HORTENSE, *troublée.*

Un bal... je ne le pense pas... je veux dire que j'i-
gnore... encore !

VOLBERG.

Ah! vous ne savez pas?

HORTENSE, *vivement.*

Non, certainement, monsieur, je ne me doutais même pas... je vous le jure... sans cela...

HENRIETTE, *à part, avec étonnement.*

Qu'est-ce qui lui prend?

HORTENSE, *troublée.*

Je vous prie, monsieur, de vouloir bien m'excuser...
je ne sais pas vraiment ce que j'éprouve...c'est ma migraine!

VOLBERG.

Celle de tout-à-l'heure ?

HORTENSE, *vivement.*

Oui, monsieur... la même qui vient de me reprendre !

HENRIETTE, *à part.*

Cette migraine qu'elle n'a jamais eue.

HORTENSE.

Je vous demande la permission de vous quitter...

VOLBERG, *s'inclinant.*

C'est à moi de me retirer, madame. Vous veniez pour
parler à Mme de Blinval... je m'en vais!

HENRIETTE, *à demi-voix.*

Où donc ?

VOLBERG.

Ici au-dessous, chez M. Daubanton, le notaire de mon
père... et puis, de là... chez moi, rue de Provence.

HENRIETTE.

Rue de Provence... c'est bien loin de l'Abbaye-aux-
Bois... et il me semble que quand on est marié...

VOLBERG, *souriant.*

Oui, mais comme je vous l'ai dit, je ne le suis pas, je
ne suis qu'un prétendu.

Il remonte prendre son chapeau sur un fauteuil, au fond.

HENRIETTE, *bas à Hortense et d'un air suppliant.*

Comment, il s'en ira... même sans t'embrasser...
(*Haut à Hortense.*) Ah ! tu as beau hocher la tête, ce sont
mes principes. Un mari et une femme qui s'embrassent
c'est de la morale en action...(*A Volberg.*) Votre belle-
mère vous l'ordonne !

ENSEMBLE.

Air *des Diamans de la Couronne.*
(Si j'osais, allons, du courage et du cœur.)

Ah ! si j'osais !
Déjà, comme je lui dirais,
Restez, monsieur, restez, je le permets !
J'aurais voulu leur dire dès longtemps,
Soyez unis, par moi, mes chers enfans !

VOLBERG.

Ah ! si j'osais !
Près d'elle encor je resterais !
Oui, tant d'attraits,
Redoublent mes regrets !
Mais son époux n'est ici qu'un amant.
Oui, j'obéis, je m'éloigne à l'instant !

HORTENSE.

Ah ! si j'osais !
C'est moi, c'est moi, qui leur dirais,
Et ma frayeur, hélas ! et mes regrets !
Délivrez-moi, mon Dieu, de cet amant
Qui semble exprès créé pour mon tourment !

Motif nouveau de M. Couder.

VOLBERG.

Je vois qu'il faut encore attendre
Pour mériter tant de bonheur !

HENRIETTE.

Eh ! quoi ! ce qu'elle vient d'entendre
Ne saurait fléchir sa rigueur !

VOLBERG.

A cette loi, juste, quoique sévère,
Vous le voulez, je dois me conformer ;
Il faut du temps, bien du temps pour vous plaire :
Il n'en faut pas pour vous aimer!

(*Reprise Ensemble de l'air précédent.*)

(*Volberg salue respectueusement et sort par la porte du fond.*)

SCÈNE VI.

HENRIETTE, HORTENSE.

HENRIETTE, *venant vivement près d'Hortense.*

En vérité, Hortense, je ne te conçois pas !

HORTENSE.

C'est que tu ne sais pas... pendant ton absence ce qui est arrivé... ce qui arrive encore...

HENRIETTE.

Du d'*Aranda* !

HORTENSE.

Toujours lui !... cette maudite fenêtre qui lui donnait juste le signal qu'il demandait.

HENRIETTE.

C'est Maria qui l'a ouverte... c'est sa faute !

HORTENSE.

Oh ! oui, c'est sa faute... elle est cause de tout ! car, pendant que nous étions toutes deux dans ma chambre, je la vois se lever brusquement et s'écrier : « Je veux écrire à M. d'Aranda!... » et moi, enchantée de me débarrasser d'elle... je lui dis : là, dans mon cabinet de travail... la pièce à côté... elle s'y élance et je respire !

HENRIETTE.

Te voilà seule !

HORTENSE.

Oh ! bien oui, seule. Je vois tout-à-coup apparaître...
venant du jardin... M. d'Aranda...

HENRIETTE.

Et tu l'as reçu ?

HORTENSE.

Reçu !... on dirait qu'il m'a demandé ma permission.

HENRIETTE.

Mais cependant nous avions défendu ta porte !

HORTENSE.

Est-ce que ces hommes-là entrent par la porte... il
est arrivé par les murs du jardin... par la fenêtre... je
ne sais par où... mais je l'ai trouvé devant moi presque à mes pieds.

HENRIETTE, *montrant la porte.*

Et tu ne lui a pas dit : monsieur...

HORTENSE.

Certainement... mais tout bas... Maria était là... à
côté... pouvant nous entendre !

HENRIETTE.

Et tu n'as pas sonné ?

HORTENSE.

Il m'avait pris la main !

HENRIETTE.

Et tu ne l'as pas puni comme il le méritait !

HORTENSE.

Cela aurait fait du bruit... je ne pouvais que lui ré-
péter : Partez, de grâce... partez... partez... et pour
qu'il s'éloignât au plus vite, je répondais à toutes ses
paroles : Oui, monsieur... oui, monsieur ! si bien qu'il
s'est élancé hors de la chambre en s'écriant : Ah ! je
suis le plus heureux des hommes !

HENRIETTE, *effrayée.*

Ah ! mon Dieu ! que lui as-tu dit ?... que lui as-tu
promis ?

HORTENSE.

Est-ce que je sais ? est-ce que tu crois qu'on a sa tête
à soi, dans une pareille situation ? et ce n'est pas tout
encore !

HENRIETTE.

Encore! cela continue!...

HORTENSE.

Pendant que M. de Volberg était ici... et qu'il me parlait... ce pauvre jeune homme... de son avenir... de ses projets... il m'apportait ici... chez toi... au milieu de ces fleurs... une nouvelle épître de M. d'Aranda...

HENRIETTE, *courant ouvrir le carton.*

Est-il possible... il aura donc gagné ta femme de chambre... ou cette fleuriste... Et ce nouveau message... le voilà!... pas même cacheté...

HORTENSE.

Quelle imprudence... et que veut-il donc, mon Dieu! que veut-il de plus?

HENRIETTE.

Il paraît qu'ils veulent toujours... (*Lisant :*) «*Ange des cieux, tu l'as dit !* »

HORTENSE, *arrachant la lettre.*

Comment, il ose me tutoyer! mais c'est une horreur!... et si M. de Volberg avait vu ce papier... il n'en faudrait pas davantage...

HENRIETTE.

Pour faire croire!... Gabriel lui-même le croirait... va donc vite...

HORTENSE.

Je ne répéterai jamais cette ligne-là.

HENRIETTE.

Eh bien! prends-en une autre?

HORTENSE.

« Tu m'aimes, mon Hortense adorée!... » (*S'arrêtant.*) mais c'est encore pis!... (*Lisant.*) « tu m'aimes et le tyran qui t'opprime, ton mari, vient, dit-on, d'arriver... » (*Avec frayeur.*) Ah! mon Dieu!

HENRIETTE.

Mais le tyran... c'est lui!

HORTENSE.

« On ne meurt pas de rage puisque j'existe encore... ange de ma vie... »

HENRIETTE, *à Hortense qui tressaille.*
Ne fais pas attention... on s'y habitue...

HORTENSE, *lisant.*
« Écris-moi que tu ne le recevras pas et que tu m'aimes... écris-le moi de ton sang... sinon j'ai là deux pistolets, un pour lui... l'autre pour moi... » (*Poussant un cri.*) Tuer mon mari... je ne le veux pas!

HENRIETTE.
Mais on ne peut pas vivre comme ça! c'est un amour féroce, cannibale.

HORTENSE.
C'est un homme affreux!

HENRIETTE.
Et lui écrire qu'on l'aime... le lui écrire avec son sang.

HORTENSE.
Plutôt mourir!

HENRIETTE.
Qu'il se tue tout seul si cela lui fait plaisir. Chacun pour soi... mais en attendant, que faire?...

HORTENSE, *courant à la table.*
Ah! sois tranquille... cela ne sera pas long... et dans ma colère...

HENRIETTE.
Tu lui écris...

HORTENSE.
Oui, sans doute...

HENRIETTE, *prenant une petite bouteille sur la table.*
Attends!... attends!... tiens!... voilà de l'encre rouge... cela reviendra au même!

HORTENSE.
...C'est inute... (*Écrivant.*) « Je vous déteste... Je vous maudis... J'aime bien mieux mon mari... »

HENRIETTE.
Mais tu vas lui faire brûler la cervelle... à ton mari.

HORTENSE, *s'arrêtant et déchirant la lettre.*
Ah! c'est vrai!

HENRIETTE.
Il ne faut pas exaspérer un caractère pareil.

HORTENSE.

Tu as raison.

HENRIETTE.

Il faut, au contraire, pour s'en débarrasser, le trai-
ter avec ménagement, avec douceur...

HORTENSE.

Alors, dicte toi-même...

HENRIETTE.

Est-ce que j'entends rien à ces lettres-là, moi qui
n'écris qu'à Gabriel.

HORTENSE.

N'importe, dicte toujours...

HENRIETTE.

Eh bien ! je dirais : « Monsieur, si vous voulez bien
vous éloigner, et ne plus jamais me revoir... peut-être
que je vous aimerai un peu... »

HORTENSE, *s'arrètant.*

Par exemple !

HENRIETTE.

« Très-peu ! »

HORTENSE, *déchirant de nouveau la lettre.*

Non !... je n'écrirai jamais cela... mais quel parti
prendre... Ne vois-tu donc aucun moyen ?

HENRIETTE.

Si vraiment. Quand je suis embarrassée... quand j'ai
une peine ou une inquiétude....

HORTENSE, *vivement.*

Eh bien ! que fais-tu ?...

HENRIETTE, *naïvement.*

Je vais tout raconter à mon mari... et le consulter...
il nous conseillera, il nous défendra, j'en suis sûre...
et si tu veux, je vais...

HORTENSE.

Oh ! non ! ne lui dis rien ! rougir à ses yeux !... lui
que je ne connais pas... que je n'ai jamais vu !...

HENRIETTE.

Eh bien ! alors, adresse-toi tout bonnement à M. de
Volberg...

HORTENSE, *avec frayeur.*

Mon mari!...

HENRIETTE.

Dame!... tu le connais, lui!...

HORTENSE.

C'est plus terrible encore!

HENRIETTE.

En quoi donc?... quand il saura la vérité dans tous ses détails.

HORTENSE, *effrayée.*

Tous!... qu'est-ce que M. de Volberg va penser!...

HENRIETTE.

Il pensera qu'il a ton estime et ton affection, puisque tu le prends pour guide et pour conseil!... il nous a dit qu'avant de partir, il passerait ici en bas... chez son notaire!... j'y vais, et s'il y est encore, je te l'envoie...

HORTENSE.

Mais...

HENRIETTE.

Allons! allons, courage!...

Elle sort par la porte, à gauche.

SCÈNE VII.

HORTENSE, *seule.*

Ah! si je peux sortir de ce danger-là... je réponds bien de ne jamais m'y exposer!...

Elle tombe sur le fauteuil, à gauche.

SCÈNE VIII.

HORTENSE, *assise;* GABRIEL, *ouvrant la porte à gauche au deuxième plan, affublé d'un manteau, qu'il drape à l'espagnole.*

GABRIEL, *à part.*

Ma bonne petite femme n'est plus là! Mme de Volberg est seule... allons, dans l'intérêt d'un ami, achevons notre ouvrage, et portons les derniers coups... ce que nous autres orateurs, nous appelons la péroraison!...

Il traverse doucement le théâtre, va ouvrir la croisée ; puis fait un grand bruit, comme s'il avait sauté, pour entrer par la fenêtre.

HORTENSE *se retourne, aperçoit Gabriel, pousse un cri et s'écrie en tremblant :*

Vous encore!... vous ici, M. d'Aranda!... mais vous êtes donc partout! (*Tremblante.*) Que me voulez-vous ?

GABRIEL, *à genoux.*

Je vous l'ai dit... je vous l'ai écrit... mourir à vos pieds.

HORTENSE.

Eh! monsieur...

GABRIEL, *se relevant.*

Vous ne me connaissez pas! ce n'est pas du sang qui coule dans mes veines, c'est du bitume, c'est de l'asphalte, et voyant que vous ne me répondiez pas... je suis venu moi-même chercher la réponse...

HORTENSE.

La réponse... c'est que je voulais d'abord vous renvoyer... votre lettre...

GABRIEL.

Et, grâce au ciel... vous ne l'avez pas fait !

HORTENSE.

Je ne l'ai pas pu !

GABRIEL, *vivement.*

Merci!... merci, d'un tel aveu ! il me suffit !

HORTENSE, *vivement.*

Mais, monsieur...

GABRIEL.

C'eût été dire à mon cœur de ne plus battre, à ma vie de s'arrêter... car je n'existe... moi, que par mon amour... cet amour... cet amour dévorant que vous partagez !

HORTENSE, *vivement.*

Mais du tout.

GABRIEL.

Vous me l'avez dit.

HORTENSE.

Ce n'est pas vrai...

GABRIEL. Vous l'avez dit...

HORTENSE.

Eh bien! monsieur... je me suis trompée!...

AIR : *Comme il m'aimait.*

Ne m'aimez plus!   (Bis.)
Faites qu'une autre me remplace,
Ne m'aimez plus!

GABRIEL.

D'amour mes sens sont éperdus.

HORTENSE.

Eh bien... dans l'effroi qui me glace...
Si vous m'aimez... un peu... de grâce...
Ne m'aimez plus!

GABRIEL, *parlant.*

Eh bien !

HORTENSE, *achevant l'air.*
Ne m'aimez plus!

GABRIEL, *avec un geste de fureur.*

Comment! que je...

HORTENSE, *vivement.*

Ne vous fâchez pas, monsieur, et écoutez-moi. Je
m'abusais moi-même quand je me croyais faite pour les
grands sentimens... les grandes passions.... je ne suis
qu'une pauvre honnête femme qui tient à ses devoirs,
à sa réputation... à tout ce qu'il y a de plus... prosaïque
au monde... vous voyez donc bien... que je ne vous
aime pas... mais pas du tout...

GABRIEL.

Sacrifice que vous voulez faire à la vertu!

HORTENSE.

Ah! que c'est impatientant!... Eh bien! monsieur,
s'il faut vous avouer la vérité... je vous hais... je vous
déteste!

GABRIEL.

Toutes les grandes passions se tiennent! J'aime mieux
votre haine que votre indifférence!

HORTENSE.

Alors, monsieur, vous m'êtes le plus indifférent de
tous les hommes... Là !...

GABRIEL.

Vous ne me le prouverez jamais avec ce tremblement
nerveux... avec cette exaltation qui m'enivre... (*Se je-
tant à ses genoux.*) O Hortense! que tu es belle ainsi...
cherchant à me cacher le sentiment délirant que tra-
hissent tes regards...

HORTENSE, *hors d'elle-même.*

Vous ne comprenez donc pas, M. d'Aranda, ce que
je voulais éviter de vous dire...c'est que je trouve mon
mari plus galant homme, plus généreux, plus aimable,
plus beau que vous!

GABRIEL, *se levant avec fureur.*

Plus beau!... Comment... encore plus beau que
moi!... Un tel affront!...

HORTENSE.

Que je l'aime, monsieur.

GABRIEL.

Vous l'aimez... lui... (*Avec mépris.*) un mari! voilà
ce que je n'ai jamais entendu... Voilà ce que je suis
bien aise d'entendre!

HORTENSE.

Oui, monsieur, je l'aime...

GABRIEL, *avec indignation.*

Et vous osez me faire un tel aveu... à moi... dont
vous connaissez la jalousie incendiaire et frénétique...

HORTENSE, *tremblante.*

Mon Dieu... mon Dieu... je crois l'entendre!

GABRIEL.

Qu'il vienne donc... je suis armé...

HORTENSE.

Au nom du ciel, monsieur...qu'il ne vous voie pas...
éloignez-vous!

GABRIEL.

A votre tour alors ne me réduisez pas au désespoir...
(*Montrant la porte à droite.*) Je serai là... dans cet appartement d'où l'on peut tout entendre! et si devant
moi... en ma présence... vous accordez à ce... mari!...
la moindre marque d'amour... la moindre faveur...

HORTENSE. Eh bien...

GABRIEL.

Vous avez son trépas à vous reprocher... car à l'instant même... je vous le jure... je le tue!

HORTENSE.

Ah! mon Dieu!

GABRIEL.

Et moi-même après! faites-y bien attention... c'est vous maintenant que cela regarde!...

Il se jette dans le cabinet.

SCÈNE IX.

VOLBERG, HORTENSE.

HORTENSE.

Tuer mon mari... par exemple!... passe encore si c'était moi, ce serait juste... mais lui!... Ah! le voici!...

Elle tombe assise sur le fauteuil, près de la table à droite.

VOLBERG, *entrant par la gauche.*

Henriette, votre amie... vient de me dire, madame, que vous me demandez; que vous désiriez me voir? et je suis accouru, me voici... parlez... parlez, de grâce...

HORTENSE.

Je le voudrais... et je n'ose...

VOLBERG.

Qui peut vous en empêcher?

HORTENSE.

Ce qui m'en empêche, monsieur?... (*A part.*) Dieu! que c'est gênant qu'il soit là.

VOLBERG.

J'étais décidé, si ma présence devait vous imposer la moindre contrainte... à m'éloigner pour toujours... (*Hortense tourne vers lui un regard tendre et suppliant.*) Votre bonté me rassure... votre regard me rappelle!... je crois le voir du moins; et après m'avoir donné un tel espoir, vous ne voudriez pas me l'enlever...

HORTENSE.

Oh! non, monsieur...

VOLBERG.

Je reste donc... et je peux vous dire que ce matin je n'osais vous exprimer, même devant Henriette, votre

amie... car c'est une position si embarrassante de ne
pas être seuls.

HORTENSE, *regardant la porte à droite.*

Oh! oui, sans doute.

VOLBERG, *avec joie.*

N'est-ce pas? en vous trouvant si belle, j'éprouvais
une admiration mêlée de bonheur... et de crainte. Il
me semblait qu'un si grand bien, un tel trésor ne pouvait jamais m'appartenir! aussi, je ne vous demande
pas de m'aimer comme je vous aime... je n'exige pas
l'impossible... dites-moi seulement que cet amour ne
vous déplaît pas, que vous pourrez vous y habituer, et
que vous consentez à m'écouter, dussiez-vous, comme
en ce moment, ne pas me répondre.

HORTENSE, *à part, se levant.*

Dieu! que c'est gênant qu'il soit là.

VOLBERG.

Vous baissez les yeux... vous vous taisez... prenez
garde, je suis capable, si vous ne me démentez pas, d'inter-
prêter ce silence en ma faveur. Je vais croire... qu'un
amour si pur, si vrai, si respectueux... a fini... par vous
toucher... (*Voyant qu'elle se tait.*) par vous inspirer
quelque pitié... peut-être même quelque reconnaissance.

AIR : *Taisez-vous, amans, taisez-vous !*

PREMIER COUPLET.

En vous parlant de mes vœux, je redoute
L'indifférence et même le courroux!
Vous taire ainsi, c'est me dire : j'écoute !
Taisez-vous encor !... taisez-vous,
Taisez-vous?

DEUXIÈME COUPLET.

Silence heureux !... consentement suprême!
Aveu muet qui ferait des jaloux !
En vous taisant, c'est me dire : je t'aime :
Taisez-vous toujours !... taisez-vous,
Taisez-vous !

(*S'élançant vers elle.*) Hortense ! Hortense!...

HORTENSE, *se dégageant de ses bras et toute tremblante,*
passant de l'autre côté du théâtre.

Eh bien!... oui, monsieur... je crois que... (*A voix
basse.*) je vous aime...

VOLBERG, *à voix haute.*

Vous m'aimez!

HORTENSE, *avec frayeur.*

Ah! mon Dieu!... (*Haut.*) A votre tour... je vous en
supplie... taisez-vous...

VOLBERG, *avec transport.*

Eh! que me faut-il de plus! Hortense, tu es ma
femme...

HORTENSE, *à voix basse.*

Oui, monsieur.

VOLBERG, *de même.*

Tu es mon bien... mon trésor...

HORTENSE, *de même.*

Oui, monsieur... (*A part.*) Mon Dieu! comme il parle
haut!

VOLBERG.

Rien ne peut plus nous séparer... tu es à moi... et
cette main qui m'appartient, que je presse...

HORTENSE.

Ah! mon Dieu!... (*A part.*) A la moindre faveur a-
t-il dit...

ENSEMBLE.

AIR de *M. Hormille.* (Loi Salique.)

VOLBERG.

Toi, qui vois mon ivresse!
Peux-tu me refuser...
Accorde à ma tendresse
Un seul, un seul baiser!

HORTENSE, à part.

La frayeur, qui m'oppresse,
M'oblige à refuser,
Redoutons ma faiblesse
Si j'accorde un baiser.

(Il embrasse Hortense On entend de l'appartement un coup

de pistolet. Hortense jette un cri d'effroi, se jette au devant de son mari comme pour le préserver. — Musique en
sourdine à l'orchestre.)

HORTENSE, *hors d'elle-même.*

Blessé!... blessé!...

VOLBERG.

Eh! non vraiment... qu'avez-vous, de grâce?...

HORTENSE.

Alors, c'est l'autre... qui lui-même se sera tué!

VOLBERG, *s'élançant vers la porte à droite.*

Qu'est-ce que cela signifie?

SCENE X.

HORTENSE; *puis,* HENRIETTE *et* MARIA.

HORTENSE, *tremblante.*

Un homme tué pour moi!... je suis perdue de réputation... (*Apercevant Henriette qui entre avec Maria.*)
Ah! mes amies... si vous saviez!...

HENRIETTE.

Je sais tout...

HORTENSE.

C'est horrible!

MARIA.

C'est inconcevable!...

HENRIETTE.

Je crois bien! mon mari qui n'a pas été ce matin au
Palais!

MARIA.

Eh! non!... M. d'Aranda...

HENRIETTE.

On te le rend... on n'en veut plus... reprends-le.

MARIA.

Il n'est pas à Paris... il n'y est jamais venu!...

HENRIETTE, HORTENSE.

Allons donc!

MARIA.

Mon père vient de recevoir une lettre de lui... où il
lui demande ma main... il ne veut plus vivre que pour
moi!...

HORTENSE.

Lui!... et là, tout-à-l'heure... d'un coup de pistolet,
il s'est tué!...

MARIA, HENRIETTE.

Ah !...

MARIA.

Courons !...

Elle se dirige vers la porte à droite qui s'ouvre, Volberg et
Gabriel paraissent.

TOUTES TROIS.

Qu'ai-je vu !...

SCENE XI.

LES MÊMES, VOLBERG, GABRIEL.

HORTENSE, se cachant la tête dans ses mains.

Ah ! toujours lui !... toujours d'Aranda.

HENRIETTE et MARIA.

Où donc ?

HORTENSE, bas à Henriette, se cachant toujours la tête
dans ses mains.

Là... là... près de mon mari...

Fin de la Musique.

HENRIETTE, courant à Gabriel.

C'est le mien... c'est Gabriel !

HORTENSE, levant la tête.

Ton mari ! Gabriel ! tu ne te trompes pas?

HENRIETTE, l'embrassant.

Tiens !... la preuve...

MARIA et HORTENSE.

Qu'est-ce que ça signifie ?

VOLBERG, souriant.

Moi, je ne sais rien et ne veux rien savoir.

GABRIEL.

Et moi, je sais seulement que venu ce matin pour annoncer la visite d'un mari, on m'a fait attendre dans
une bibliothèque, d'où j'ai entendu une conversation
étrange et originale...

MARIA.

La nôtre !

GABRIEL.

Entre trois jeunes dames... dont l'une ne se doutait guère des embarras et des ennuis d'une grande passion.

HENRIETTE, *passant près d'Hortense.*

C'est près d'elle que tu as plaidé?

GABRIEL.

Oui.

HENRIETTE.

Et tu as gagné ta cause!... (*A Hortense.*) car M. de Volberg ne retournera pas ce soir chez lui, n'est-ce-pas?

Hortense baisse les yeux.

VOLBERG, *à Hortense.*

Je vais l'espérer... si, comme tout-à-l'heure, vous êtes assez bonne pour continuer à vous taire !...

Hortense presse la main d'Henriette.

HENRIETTE.

Bravo! il reste!...

Hortense, sans dire un mot, donne la main à son mari.

VOLBERG.

O pouvoir du silence !

GABRIEL.

Pouvoir inconnu... aux avocats !

CHOEUR.

AIR *de M. Couder.*

Jurons, jurons par des sermens suprêmes
Fidélité que rien ne doit trahir !
Jurons, jurons, que les amours eux-mêmes
Ne pourront pas nous désunir.

(Les trois dames s'avancent.)

HORTENSE, *au Public.*

AIR *de Voltaire chez Ninon.*

Lorsque la morale en chanson
Chez nous, ce soir, tâche d'instruire
A fuir les grandes passions...

MARIA.

Tous les amans vont nous maudire!

HENRIETTE.
Vous, du moins, Messieurs les époux,
Soyez nos défenseurs fidèles!...
HORTENSE.
Envoyez vos femmes chez nous.
HENRIETTE.
Et surtout venez avec elles.
TOUTES LES TROIS.
Et surtout venez avec elles.

(*Reprise du Chœur.*)

FIN.